AKAL / Artefactos

Director
Miguel Ángel Cajigal, *El Barroquista*

Diseño y motivo de cubierta: Juan Hervás / artbyte.es

Diseño interior: RAG

© Ediciones Akal, S. A., 2024

Sector Foresta, 1

28760 Tres Cantos

Madrid - España

Tel.: 918 061 996

Fax: 918 044 028

www.akal.com

ISBN: 978-84-460-5613-3

Depósito legal: M-24.041-2024

Impreso en España

MARISOL SALANOVA

LA CRÍTICA DE ARTE EN LA ACTUALIDAD

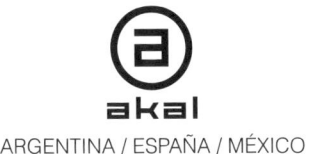

akal

ARGENTINA / ESPAÑA / MÉXICO

Al personal del Hospital Doctor Peset, por los cuidados y el cariño que hicieron posible que terminase este libro en plena convalecencia.
¡Viva la sanidad pública!

Introducción

¿Cómo podemos realmente emitir un juicio de valor sobre obras artísticas en la actualidad? Las redes sociales y otros medios han influido la forma en que percibimos y apreciamos el arte. El pensamiento crítico e independiente no pasa por su mejor momento. En un mundo saturado de opiniones rápidas y superficiales, el arte merece un análisis profundo y reflexivo. Pero emprender el camino para explorar sus múltiples capas y comunicar honestamente sobre ellas abre la puerta a morir en el intento. La precarización del sector cultural en las primeras décadas del siglo XXI desencadena una serie de problemas derivados de condiciones laborales inestables, falta de seguridad en el trabajo y una atmósfera de irritado resentimiento. Esta situación afecta a diversas profesiones dentro del ámbito cultural, condicionando gran parte de lo que aquí nos ocupa, a saber, la crítica de arte.

El hecho de que se necesite autofinanciar los proyectos, depender de contratos temporales y no contar con suficiente apoyo económico son factores que llevan a una precarización significativa, que es la que lamentablemente vive la mayoría de artistas. Ante esto, se intensifica la competencia feroz y la bajada de honorarios. Pero admitir un estado precario en trabajos para los que no siempre prevalecen los méritos de los candidatos genera vergüenza. Quienes se dedican a la gestión cultural, la curaduría o el comisariado de exposiciones y la producción de proyectos culturales también afrontan situaciones delicadas por la falta de financiación estable para sus iniciativas, el empleo temporal y mantenerse en régimen de autónomo o *freelancers*.

Limitar la capacidad de los artistas y otros profesionales creativos para dedicarse plenamente a su trabajo tiene consecuencias negativas tanto para los trabajadores como para la industria en su conjunto. Así, el mercado del arte extiende las dinámicas neoliberales a todo lo que lo rodea, hasta el más pequeño detalle. Y la precariedad no afecta únicamente a artistas, galeristas o museos, sino que también llega al terreno de la crítica, provocando un cambio significativo en el sentido y la eficacia de la misma. En líneas generales, esto afecta a la diversidad y la calidad del panorama cultural. Desde la crítica se ahonda menos en las motivaciones y pulsiones de artistas cuya obra profundiza en algún aspecto controvertido. ¿Cuánto se puede arriesgar en una crítica si se depende de la aceptación del texto para recibir más encargos?

Cada vez son más difíciles de encontrar los textos críticos que van más allá de lo periodístico o lo estrictamente descriptivo. Quizá porque se ha extendido el temor a ser sustituido si se causa incomodidad o si quienes dirigen la institución, el centro de arte o la galería de cuya exposición se habla se molestan y retiran la publicidad. Porque hacer perder un cliente publicitario al medio para el que se escribe, en un contexto en el que cada vez se contrata menos publicidad y los suplementos culturales pasan por apuros para mantenerse, supondría una condena. Pero la solución no puede pasar por redactar críticas vacuas, complacientes, sin fundamento. Circular de puntillas o hacer la pelota para no disgustar a nadie es imposible si realmente se quiere trabajar como crítico de arte. Eso sí, cuanto más profundos y arriesgados sean los textos, mayor dificultad de acceso a los mismos. Lo popular ya no es lo discordante. O, más bien, lo discordante se ha vuelto impopular. Oportunamente inaccesible.

¿Qué es la crítica de arte? Es la opinión de un agente cultural profesionalizado, habitualmente expresada en la prensa escrita, en la que emite un juicio, una valoración explícita o contenida en un discurso aplicado a las obras o a un proyecto en cuestión. Conlleva un proceso de investigación de la exposición sobre la que se va a escribir. El primer paso es la identificación del proyecto: cuál es su temática, la interpretación que el artista o los artistas hacen de ella, a qué periodo pertenece, la trayectoria de sus autores y, luego, conocer el tipo de interacción al que se puede llegar con las piezas. Si hay parte documental, es muy importante, y el personal de sala en los museos de hoy día ayuda, con la colaboración del equipo didáctico que media entre el público y las piezas. Si existe la oportunidad de entrevistar al comisario o comisarios, también es muy relevante, porque su testimonio ofrece una visión global del proyecto. Y, por supuesto, si el artista está presente, es muy grato consultarle, escuchar con detenimiento cuál ha sido su inspiración, el sentido que tiene dentro de ese espacio la obra, su contexto social y político. Recabada toda esa información, se sintetiza en un discurso propio, adaptado a la extensión y el formato del medio, que puede ser impreso o digital. De hecho, ahora suele compaginarse la versión en papel con la versión digital. Ese, a grandes rasgos, es el oficio del crítico. No siempre se explica con sencillez por si ello rompiera el halo de misterio que convenientemente lo envuelve. Consideramos que interesa dejar claro en qué consiste, desde el comienzo de estas páginas, para localizar dónde se encuentra actualmente la crítica, por qué y, entre otras cosas, tener claro para qué sirve.

Muchos textos críticos de calidad están escritos en catálogos y libros de artista con una pobre o nula distribución. Otros han formado parte de una exposición como hoja de sala, pero no se hallan tanto en revistas especializadas o en los suplementos culturales. Entiéndase que tales medios sí pueden contener textos críticos de calidad, lo que sucede es que, por lógicos límites de extensión y temporalidad, sumados a la merma de sus ya escasos honorarios, la escritura sobre arte se desarrolla en ensayos específicos y publicaciones puntuales, no periódicas. Si se cuenta con mayor margen de actuación y más espacio para escribir, la libertad favorece la investigación y el resultado final.

El problema de la compleja difusión de libros y catálogos editados por instituciones los estanca en almacenes de museos y centros de arte en la mayoría de los casos. Se distribuyen bajo demanda; por lo tanto, las probabilidades de un encuentro casual con sus lectores potenciales se reducen. Así, los artículos que profundizan sobre cuestiones relativas al sector cultural no tienen ni el tono divulgativo ni la presencia necesarios para llegar a cualquier tipo de público, lectores que podrían verse animados a investigar por su cuenta los temas abordados, conocer el trabajo de los artistas que se mencionen y, tal vez, visitar las exposiciones con relación a las cuales se haya escrito.

Las soluciones para abordar la precarización en el sector cultural podrían incluir la promoción de políticas que protejan los derechos laborales, favorecer el acceso a la seguridad social, el establecimiento de contratos más estables, el apoyo gubernamental para proyectos culturales y la valoración de la contribución del arte y la cultura a la sociedad. ¿Cuál sería la solución al estado de la crítica de arte actual? Mientras se toma conciencia de los daños que causa la precarización en esta área, al borde de su desaparición, existen algunas opciones para atajar el problema. Contextualizar la crítica artística reciente, conocer sus antecedentes, cuáles son sus principales referentes y sus perspectivas de futuro no son cuestiones fáciles. Porque la crítica ha cambiado, se tambalea, pero tal vez pueda volver a cambiar emergiendo de la oscuridad.

En la era de las comunicaciones, el mayor suplicio al que puede condenarse a un artista o a un autor es a ser privado de la luz; no ver, no ser visto. Esto nos embarca en un viaje al pasado, de la mano de Foucault. La pena física, como las ejecuciones públicas, dejó de ser un espectáculo a principios del siglo XIX, con la desaparición de castigos brutales como la guillotina en Francia. Michel Foucault explica en *Vigilar y castigar* cómo la cárcel se transformó y cómo el control sobre los cuerpos cambió. Antes, la violencia física sobre los condenados era visible para todos[1]; hoy, esa violencia simbólica se manifiesta en las redes sociales. En lugar de ejecuciones públicas, el castigo moderno está más vinculado a la «cancelación» o la censura digital, que son una nueva forma de control y sanción. Ahora, el suplicio no está en la plaza del pueblo, sino en lo que se publica o se deja de publicar en internet. En el rito de la ejecución, las armas son las palabras, pero también las imágenes, y no tanto las que se muestran como las que efectivamente dejan de mostrarse. Se aplica la «regla de la verdad común» al llegar a un consenso sobre quién está acabado, del mismo modo en que se decide por una especie de contagio de opinión quién es digno de acaparar los focos. A veces, en una crítica de una exposición, una obra de un artista no se menciona –ya sea por falta de espacio o de forma intencionada– para invisibilizar su trabajo. Esto es una forma de omisión. Otra manera de hacerlo es hablar de todos los artistas en la exposición, pero ignorar al comisario, quien organiza y da sentido al proyecto. Al no mencionarlo, se le resta importancia de manera sutil. Nada de lo que se decide escribir o dejar de escribir es inocente, casual o baladí. Sin embargo, la intencionalidad pasa desapercibida, se lee rápido o por encima, y el pensamiento crítico es cada vez más difícil de encontrar.

---

[1] M. Foucault, *Vigilar y castigar. Nacimiento de la prisión,* Madrid, Siglo XXI, 1979, p. 21.

La vigilancia, en este caso, es jerárquica, pero no busca imponer justicia como explicaba Foucault. Más bien, tiene la intención de destacar a aquellos que tienen el poder para determinar quién debe ser reconocido y quién ignorado. En el fondo, estos son el reflejo de una sociedad vigilante que ha sofisticado sus dinámicas disciplinantes siempre tendiendo hacia la homogeneización de los gustos y al maniqueísmo, encauzando a los individuos para mantenerlos dóciles y útiles. Así, se entendería la crítica como una especie de ortopedia social. Igualmente, Fernández Porta reforzaría esta idea cuando se pregunta en *Las aventuras de Genitalia y Normativa*: «¿Y si el acto verdaderamente gozoso no fuese transgredir una norma sino erigirla?»[2]. Porque, en muchos casos, el primer contacto con la obra del artista, la primera aproximación al proyecto expositivo, radica en la crítica leída antes incluso de conocer la existencia de la exposición objeto de dicha crítica, por el hecho de que leemos en las páginas de cultura y nos informamos a través de ellas. Lo cual abriría la puerta a una posible finalidad pedagógica del texto crítico. Más allá de informar, propiciar que el lector acuda a la sala para formarse su propia opinión a partir de los puntos que haya iluminado la crítica y de la experiencia presencial. El crítico se torna mediador o prescriptor.

Toda mediación cultural es prescindible para que el arte exista, en cualquier caso. Críticos, gestores, marchantes y galeristas son innecesarios para que el público pueda sentir delante de la obra creada por un artista. No obstante, sí compartimos –todos esos intermediarios– el deber ético, estético y moral de trabajar por cuidar y amplificar aquello que cada artista trata de transmitir. Además, en el caso concreto de quienes nos dedicamos a la crítica de arte, la escritura se ha convertido en un arma de doble filo. Por un lado, tenemos capacidad para impulsar en una dirección la mirada de las demás personas y, por otro, quedamos estigmatizados por aquello sobre lo que decidimos arrojar luz, pues mientras se alumbra con el foco a unos, se está privando del mismo foco a otros. Algunos creen que, por esto, la crítica marca el ritmo a la cultura, tomando decisiones sobre qué es arte y qué no lo es. No obstante, los nuevos canales de comunicación, redes sociales y demás, están cambiando aspectos fundamentales del mundo de la cultura. Aquí es donde cabe preguntarse

---

[2] E. Fernández Porta, *Las aventuras de Genitalia y Normativa*, Barcelona, Anagrama, 2021, pp. 100-101.

por la supervivencia de este oficio cuya consideración también ha sido variable a lo largo del tiempo. Un *podcast,* un vídeo de medio minuto colgado en una red social, una afirmación lapidaria en menos de cuatrocientos caracteres y un artículo en el suplemento cultural más prestigioso simulan competir ahora en la misma liga. En lugar de conectarnos para debatir, internet ha contribuido a acelerar un proceso de alienación y atomización en el que la figura del intelectual no es que haya desaparecido sin más, es que se combate. Porque la reflexión teórica fuera del ámbito académico no interesa, resulta una amenaza y es mejor sustituirla por contenido de entretenimiento que lleve a conclusiones simples, rápidas y, por ende, extremas. Desde la academia se complica la escritura con un exceso de neologismos y pedantería que alejan los textos del lector ajeno al contexto universitario. Por un lado, hay crítica cultural escrita para no ser comprendida, bajo la premisa de que, cuanto más oscuro e indirecto sea todo, más demuestra su autor el bagaje intelectual con el que cuenta. Es decir, cuanto más incomprensible para los lectores, más listo parece quien lo ha escrito. Por otro, hay autores que incurren en simplificaciones extremas, incluso toscas, que escriben para medios accesibles al gran público, fuera del ámbito académico. Esto se ve sobre todo en la prensa digital, que busca atraer visitas para aumentar sus cifras.

Esta bipolaridad es notable en los escritos referidos a sucesos desafortunados dentro del mundo del arte. Por ejemplo, en 2022 hubo un repunte de ataques a obras en nombre del medioambiente ante la crisis climática, y el modo en que se abordó mayoritariamente desde la crítica fue significativo. Demasiados agentes culturales jalearon en artículos, pero sobre todo en sus redes sociales, a supuestos activistas que encontraban en una noble causa la excusa para un desahogo vandálico. ¿Qué pasa por la cabeza de los profesionales del arte que parecen celebrar las protestas conflictivas en nombre del medioambiente? Incluso con la certeza de que esos ataques a piezas en museos no van a tener impacto en la lucha contra el cambio climático, los aplauden.

Tal tendencia se ha mantenido al alza por el impacto mediático que provoca. Porque la crítica artística en España no lleva un rumbo claro, pero entre quienes la ejercen sí se repite la lucha de egos y la predisposición a darse importancia por encima del evento, la exposición, la obra o el artista del que se trate. Hoy día, destacar como crítico de arte no es fácil, pero muchos lo intentan, sobre todo desde el periodismo. Por eso, encontramos titulares llamativos y sensacionalistas que buscan, más que fomentar un pensamiento crítico, crear polémica. A menudo, se confunde la crítica de arte con el periodismo, que debería centrarse en hechos objetivos. Así, muchos textos que se presentan como crítica de arte son simples notas informativas.

Aunque esta mezcla no es exactamente intrusismo, ya que el arte y el periodismo suelen cruzarse, sí genera algunas dudas. ¿Se pierde profundidad crítica? ¿Existen conflictos de intereses? En muchos casos, lo que parece objetividad no es más que un disfraz. Además, el acceso a fuentes o entrevistas suele depender de los contactos que se tenga. Por eso, es común que los críticos de arte usen carnés de prensa, ya que no existe una acreditación específica para ellos. Esta fusión entre crítica y periodismo no sólo difumina fronteras, sino que también cambia las reglas del juego.

¿Qué se espera de la crítica de arte? La respuesta a esta pregunta depende en gran medida de quiénes son identificados como agentes culturales que ejercen la crítica hoy día. En un ámbito precarizado, cabe preguntarse de dónde vienen y cuáles son sus canales de comunicación: ¿los sostiene la academia?, ¿trabajan más como comisarios o gestores culturales que como críticos?, ¿viven de escribir porque se esfuerzan y valoran el esfuerzo de los demás? La cultura del esfuerzo sugiere que el individualismo es una forma de selección natural, lo que lleva a cuestionar la idea de pagar impuestos para ayudar a quienes están en situaciones difíciles. Desde esta perspectiva, podría pensarse que aquellos que no han logrado salir adelante simplemente no se han esforzado lo suficiente y, entonces, no merecen apoyo. Esta visión, típica del neoliberalismo, se ha popularizado entre algunos *influencers* que se quejan de sus obligaciones fiscales en España, utilizando su plataforma para alabar o criticar eventos y personas.

Sin embargo, el Estado de bienestar se basa en la solidaridad y en la redistribución de los recursos. La idea de que el éxito individual es sólo resultado del esfuerzo ignora los factores estructurales que alimentan el individualismo: una economía centrada en la producción y el comercio, el desarrollo económico sin límites, la clase social, la migración, la urbanización extrema y los choques culturales. En la actualidad, estamos inmersos en una ideología que convierte la creatividad en un instrumento de gentrificación capitalista, como señala la artista y crítica Martha Rosler en *Clase cultural*[3].

La crítica cultural que se presenta en videos y redes sociales puede ser similar a la antigua oralidad que menciona Irene Vallejo en *El infinito en un junco*. No todo lo que se comparte en redes, ya sea en forma de video, audio o texto, se puede considerar crítica cultural o de arte. Debemos cuestionar su origen y motivaciones, y no podemos confiar en que tenga la misma durabilidad que la tinta de los libros. Por eso, siguen existiendo periódicos, revistas y libros sobre arte. Es fundamental conocer las motivaciones y condiciones que mueven a quienes escriben, para entender realmente el trasfondo de su crítica.

El presente libro es un recorrido por la historia reciente de la crítica de arte con el objetivo de realizar un diagnóstico sobre su estado, la utilidad y capacidad de influencia que mantiene en el ámbito cultural, sus debilidades y fortalezas. Esta es una aportación para lectores no familiarizados con la crítica e incluso para lectores especializados que no han encontrado respuestas en los manuales y libros de referencia porque han quedado obsoletos. No es un vademécum, tampoco un índice de críticos relevantes, sino una historia nada ortodoxa porque se articula, de hecho, en forma de crítica. Se trata de un ensayo que toma el pulso a la crítica de arte actual, focalizado en el contexto español de las últimas cuatro décadas, en particular, pero también mirando hacia Europa, en general, y señalando las dinámicas importadas de América al Viejo Continente. La reconstrucción de la izquierda europea, el género y el pensamiento decolonial son los tres ejes en los que se apoya gran parte de la creación artística contemporánea, por lo que centrarán la atención de nuestro análisis. La perspectiva desde la que está escrito es la obtenida a partir de diversas investigaciones realizadas por una crítica de arte en activo, con conocimiento del campo que se abarca, y de una selección de trabajos, instituciones y autores que se ha considerado adecuada bajo el criterio profesional de quien escribe. Como todo texto realmente crítico, conlleva un posicionamiento ante los hechos tratados y una serie de valoraciones que son subjetivas. Por eso y sólo por eso tiene sentido.

---

[3] Véase M. Rosler, *Clase cultural. Arte y gentrificación,* Buenos Aires, Caja Negra, 2017.

1. Contexto de la crítica artística reciente

En el contexto cultural español, algunos piensan que no hay un eje principal de la crítica de arte hoy, probablemente por la dificultad de la cosa misma. La filosofía se acerca de manera natural a la crítica, en detrimento de la historia del arte, porque en los últimos tiempos el arte se ha conceptualizado, quizá en exceso. Desde finales del siglo XX hasta el primer cuarto del XXI, en España y en gran parte de Europa, se ha observado un alejamiento del formalismo en el arte, impulsado por el auge del arte conceptual. Este cambio ha generado una crítica intensa al formalismo, sosteniendo que la insistencia en los géneros artísticos convierte el arte en un mero objeto, lo que lleva a una percepción de degradación de su valor.

A raíz de este distanciamiento del formalismo, ha surgido una reacción que ha revitalizado la pintura, transformando el arte en un verdadero campo de batalla simbólico donde se expresan conflictos como los de género, el colonialismo y la reconstrucción de la izquierda en Europa. Así como un museo debe reflejar nuestro presente y responder a los cambios sociales y políticos, la crítica de arte también debe hacerlo. Al haber sido el arte menos conceptual en el pasado, ahora corremos el riesgo de que se convierta en un mero concepto de una época, perdiendo su conexión con la realidad.

Tal vez esto se explique con lo que el historiador Enzo Traverso comenta en su ensayo *La historia como campo de batalla* sobre Europa y sus memorias, resurgencias y conflictos, al hablar del problema «de la *conceptualización*: para aprehender lo real, hay que capturarlo por medio de conceptos –"tipos ideales", si se quiere– sin por ello dejar de escribir la historia en un modo narrativo; dicho de otra manera, sin olvidar jamás que la historia real no coincide con sus representaciones abstractas. Hacer coexistir la inteligencia de los conceptos con el gusto por el relato sigue siendo el mayor desafío de cualquier escritura de la historia, y esto vale también para la historia de las ideas»[1]. Algo que ya apuntaba una década antes el crítico Ángel González García, Premio Nacional de Ensayo 2001, en su miscelánea de artículos sobre temas de arte moderno y contemporáneo *El resto. Una historia invisible del arte contemporáneo*[2], publicada por medio de la colaboración entre el Museo de Bellas Artes de Bilbao y el Museo Nacional Centro de Arte Reina Sofía (MNCARS).

La obra de González García, recopilada en más de quinientas páginas, se presenta como una de las narrativas más completas sobre el arte contemporáneo del siglo XX, adoptando una postura crítica hacia los surrealistas. Sin embargo, esta crítica no busca desestimar a los artistas que analiza; por el contrario, les otorga un lugar en el discurso, enriqueciendo así el panorama artístico. Se trata de un autor con el que se puede estar más o menos de acuerdo, pero que ejemplifica a la perfección lo complejo de contar con una crítica de arte definida en la actualidad. Sin que dos museos tan importantes se pusieran de acuerdo para reunir artículos, textos de catálogo y ensayos breves de distintos orígenes, no tendríamos constancia de la labor tan singular de este prestigioso ensayista e historiador del arte, que hubiera quedado circunscrito al ámbito académico, dado que para los lectores no especializados sus escritos sin compilar eran demasiado dispersos. El crítico se expone así a quedar olvidado, si no se ordenan sus textos, del mismo modo que el artista se expone al olvido si desde la crítica se ignora su obra.

Damnatio memoriae significa literalmente «condena a la memoria». Este término se refiere a la práctica de borrar a una persona de la historia y de la memoria colectiva, como si nunca hubiera existido. En la Antigüedad, especialmente en Roma, esta condena se aplicaba a figuras consideradas traidoras o indeseables, eliminando su nombre de inscripciones, estatuas y cualquier registro histórico. La idea es que, al hacer esto, se niega el legado de esa

---

[1] E. Traverso, *La historia como campo de batalla,* México, Fondo de Cultura Económica, 2013, p. 26.

[2] A. González García, *El resto. Una historia invisible del arte contemporáneo,* Madrid, MNCARS, 2000.

persona, dejando una huella en la historia que, paradójicamente, suele atraer aún más atención hacia su figura. Este castigo, que no ha dejado de aplicarse hasta nuestros días, la crítica del arte lo emplea cuando surge una tendencia a invisibilizar una exposición, un artista o un proyecto concreto, arrojando luz sobre otros, a menudo por motivos éticos. ¿Para qué obviar un evento cultural? ¿Por qué no interesan algunos creadores? Aparentemente, nuestra capacidad de concentración es cada vez más débil, el consumo de información más rápido y las decisiones sobre a qué prestar atención suelen estar relacionadas con el rendimiento.

La carrera hacia el beneficio extremo, la acumulación de riqueza y poder, pasa por una lógica que contamina incluso a las disciplinas relacionadas con el conocimiento. En la medida en que las relaciones –y también las creaciones– humanas están dominadas por la urgencia de ganancias inmediatas, asistimos a un cuestionamiento sobre la utilidad de lo inútil. El arte contemporáneo es visto como un motor del mercado o, en su defecto, un hecho accesorio por falta de eficacia a la hora de contribuir a generar riqueza. Pero tal visión mercantilista, enfatizada por el capitalismo neoliberal, deja de lado un asunto de gran importancia, ya que no todos los tipos de éxito se miden en cifras. Si una obra de arte o una exposición ha logrado fomentar el pensamiento crítico y propiciar un cambio social, entonces su impacto será recordado y su triunfo será difícil de medir. Este fenómeno nos invita a reflexionar sobre cómo el arte puede influir en la sociedad y a reconocer que su valor va más allá de lo tangible, creando un legado que impacte en las generaciones futuras.

Un ejercicio que nos ayuda a dilucidar si una sala de exposiciones ha llevado a cabo una buena programación es preguntarnos qué exposiciones recordamos de la misma. ¿Qué muestra ha quedado para el recuerdo? ¿Cuál fue el artista cuyo trabajo conocimos allí que más nos impactó? ¿Cuántas exposiciones nos llamaron la atención? ¿Qué obras destacaban? Si, en su momento, la publicidad del centro hizo mucho ruido, nos puede parecer que su programación fue exitosa, pero, si preguntamos al público, tanto general como especializado, qué es lo que recuerda, conoceremos el éxito real. Porque no dejar huella, encadenar un proyecto tras otro sin dejar rastro en quienes han pasado por allí, es el mayor fracaso. No en vano suele decirse que el peor castigo es el olvido. Veremos que la crítica es capaz de tener el efecto de punir tanto como el de impulsar.

No estamos programados para hacer muchas cosas al mismo tiempo. La multitarea es una función factible en máquinas, no en humanos. Así que elegir en qué entretenernos es una cuestión nada baladí. Los críticos de cualquier disciplina realizan un triaje que se pretende útil y con cierta objetividad para ayudar a agilizar el asunto. En medicina, este proceso de triaje consiste en evaluar las prioridades de atención, privilegiando la posibilidad de supervivencia, sopesando necesidades y recursos. Llevado al terreno de las artes, se trataría de resaltar algo que tiene oportunidades de durar el tiempo suficiente para ser disfrutado por muchas personas, estimulando los sentidos, el pensamiento y, quizá, la propagación del mensaje que contenga, si es que contiene alguno que sea identificable a simple vista.

Es posible que las redes sociales nos mantengan más distraídos que antes, pero ese es un asunto difícil de medir, sobre el cual volveremos. La ciencia no ha logrado determinar que nuestra capacidad de atención haya variado considerablemente desde finales del siglo XIX, pero la realidad cotidiana es que nuestra propia mente genera las mayores distracciones. A eso sí contribuye internet, ya que la información que recibimos a través suyo nos sume en circuitos de ansiedad y nos desentrena en cuanto a focalizar la atención y seleccionar libremente tanto temas como fuentes fiables.

Kierkegaard dijo que la angustia es el vértigo de la libertad. El filósofo danés creía que la vida consiste en elegir y es de esta forma como se va desarrollando nuestra existencia. O sea, nuestras elecciones hablan de quiénes somos; a través de lo que escogemos y lo que descartamos conformamos nuestra personalidad, además de nuestra forma de estar en el mundo. Así, elegir no estar, marcharse de un lugar, abandonar un proyecto, una reunión o una red social implica un posicionamiento, aunque pueda interpretarse como pasividad o desconexión.

De hecho, los momentos de desconexión son fundamentales para mantener nuestras mentes sanas, pero todo lleva a permanecer alerta la mayor parte del tiempo: medios de comunicación, redes sociales, dispositivos electrónicos… Lo virtual se convierte en un arma de doble filo ya que propone evasión a la vez que hiperconexión, manteniéndonos al día de lo último que sucede en cada rincón del planeta. No obstante, dicha información es sesgada, pasa por un filtro, ha sido seleccionada por un algoritmo diseñado por otros seres humanos con sus propios intereses.

La idea de independencia que presuponemos en la crítica y el periodismo cultural habría de repensarse. Por supuesto que podemos elegir ser fieles a nosotros mismos, nuestros principios y valores a la hora de trabajar sobre un tema, pero pagamos un precio por ello. Como decía la periodista María Nieto Díaz en una publicación de su perfil de la red social LinkedIn, el 11 de diciembre de 2023: «Ser independiente, ser libre, no deber pleitesía a nadie más que a uno mismo es, probablemente, lo más caro que existe. Puede costarte el trabajo, perder a gente cercana, dejar de ser invitado a eventos o ambientes… Puede costarte la vida, incluso, si tienes la mala suerte de caer en según qué entornos y circunstancias». Por lo tanto, proseguía, habría que respetar a quienes no estén dispuestos a pagar el peaje de esa libertad. Si bien es cierto, la libertad de prensa debe permanecer para preservar la salud democrática. Esa independencia a la que nos referimos es especialmente necesaria en los medios de comunicación.

Dónde se encuentra la crítica de arte, por qué y para qué

El pensamiento crítico es incómodo en una sociedad que se pretende homogénea. La paradoja afectiva del ser humano es que las personas, habitualmente, no queremos sentirnos aisladas y necesitamos del contacto con nuestros iguales, pero, si no aprendemos a acercarnos de forma adecuada, acabamos haciéndonos mucho daño. Porque abrirse a los otros implica vulnerabilidad. Salir al mundo e interactuar nos expone a la crítica.

El dilema del erizo propuesto por Arthur Schopenhauer podría arrojar algo de luz sobre el acto de criticar traído al presente. Se trata de un paralelismo entre la manera de comportarse que tenemos los humanos y los erizos. Cuando tienen frío, los erizos necesitan acercarse entre sí para acurrucarse y recibir calor unos de otros; de hecho, en invierno es la única forma que tienen de sobrevivir a las bajas temperaturas. Sin embargo, son animales que tienen su piel cubierta de púas, por lo que, si se acercan demasiado, acabarán por pincharse y causarse dolor. Lo que recubre su piel y sirve para protegerse les impide ese acercamiento y contacto tan necesarios.

A menudo se pone este ejemplo cuando se habla del miedo a la intimidad en psicología o de las tensiones humanas en filosofía. Cuanto más cercana sea la relación entre dos seres sociales, más probable será que se puedan hacer daño el uno al otro, a la vez que, cuanto más lejana sea su relación, más probable es que sientan la angustia de la soledad. Por eso, a quien tenemos más próximo suele ser quien más nos critica, en principio para bien, por la confianza y el afán de ayudarnos a mejorar.

Si es un ser querido quien nos hace esa crítica, a veces tendemos a desoírla. Por ejemplo, los consejos de nuestros mayores, de nuestra familia o nuestro círculo de amigos. Tardamos más en hacer frente a esas críticas que a las de un desconocido, porque la opinión de este último hoy día despierta el interés con una singular distancia moral. Esto es lo que sucede en redes sociales: un usuario sin foto de perfil ni nombre real se mete con nosotros y la crítica cala hasta el punto de bloquear, cerrar la cuenta, necesitar alejarse del ordenador o del móvil donde hemos leído su mensaje. Verdaderos ídolos de masas, con un éxito arrollador, van en busca de consuelo y «desintoxicación» para paliar el dolor de esas críticas destructivas que realmente deberían resbalarles. Pero no lo hacen. Estamos más expuestos que antes y el dilema del erizo se ha complicado. ¿Qué diría Schopenhauer en el siglo XXI?

La visión pesimista de Schopenhauer chocaría, irremediablemente, con los mensajes motivacionales y la filosofía Mr. Wonderful que han plagado la última década. No obstante, su afirmación de que «todo individuo considera que los límites de su propia visión son los límites del mundo» serviría para entender cuál es el término medio. Entre que todo vale y que todo es censurable cabe un lugar intermedio. La crítica estaría situada en esas franjas en las que la reflexión es pertinente para evitar caer en el maniqueísmo de quienes interpretan la realidad a su medida. Por ello, la búsqueda de la verdad, igual que en el periodismo, es un punto de partida para cumplir el propósito de toda crítica. Pero en las últimas décadas se ha desdibujado ese horizonte y los críticos han ido sucumbiendo a la deriva neoliberal, poniéndose al servicio de unos pocos y perdiendo la amplitud de alcance.

Nos preguntamos si la crítica de arte no habrá olvidado su propósito, motivo por el cual ha ido mermando su capacidad de influir en la sociedad respecto a cómo esta percibe el mundo del arte. Su falta de enfoque, la dispersión en cuanto a temas, estudios y corrientes no es algo azaroso. Responde a la historia de un pasado reciente y unos intereses muy específicos: los del mercado del arte o, qué diablos, el mercado a secas. Porque mercado del arte en España hay poco, se estancó a finales del siglo XX, y si sigue habiendo venta de obra es gracias a las ferias que tienen lugar en otros países, muchas fuera incluso de las fronteras europeas. Eso respecto a la adquisición de obra de gran formato o de elevado precio, mientras el pequeño coleccionismo se encarga de sostener la venta local con cuentagotas. Vender y comprar arte sucumbe a la especulación, y los agentes culturales se ven envueltos en un torrente comercial que los aboca a ser relaciones públicas de las ferias, a convencer a las galerías para que participen en el circuito y llevarse una comisión. ¿Cuál es la alternativa si se quiere vivir del arte pero no se consiguen ventas? Crecen las ofertas formativas, impartidas muchas veces por profesionales cuyos proyectos fracasaron.

Vemos multiplicados los cursos sobre mercado del arte en los que el profesorado está integrado por galeristas que tuvieron que cerrar su negocio, artistas que no logran vender sus obras, exdirectores de ferias y comisarios en busca de un salario estable a través de la docencia, porque el mercado del arte no les proporciona un sustento digno. En vez de hacer un ejercicio crítico y señalar el mal estado del sector, contribuyen, tal vez inconscientemente, a perpetuarlo. Jóvenes que desean profesionalizarse confían en ellos e invierten sus escasos recursos, tiempo y dinero, para recibir enseñanzas de dudoso provecho. Todos esos negocios que aprovechan la brecha entre la academia y la incorporación al mundo laboral se verían desmontados si consiguiésemos convencer a los estudiantes de disciplinas artísticas para que asuman que el mercado no determina el valor real de su obra ni de su persona. A partir de ahí, decidir si quieren entrar en el circuito, acercarse a galerías, ferias, instituciones, o ir por libre les sería más fácil.

Sin embargo, la codependencia es lucrativa y acabar con ella a golpe de sentido común sería demasiado obvio, revelador y, en consecuencia, liberador de intermediarios. Por el contrario, nuevas academias, escuelas privadas, másteres y programas de *coaching* surgen cada día en torno a este ámbito. Los clientes llegan por doquier. En tanto que dotarlos de los conocimientos necesarios para alcanzar sus objetivos profesionales no es el fin auténtico de ese tipo de formación, quienes la contratan no son estudiantes, son clientes. Ávidos por hacerse un hueco en el mundo del arte, no cuestionan la estructura de lo que se les ofrece, compran el supuesto pasaporte a un futuro con trabajo. Igual que el artista que acepta pagar por exponer, que no lee la letra pequeña del contrato con su taimado galerista y firma sin pensar, para no mostrar ni un ápice de desconfianza que pudiese echar para atrás el trato. Ahora se habla mucho de seguir un código de buenas prácticas en el arte y se ha hecho bastante pedagogía sobre la importancia de emitir facturas y listados de obras que se dejan en depósito para exponer, pero las condiciones contractuales siguen siendo cuestionables. Eso cuando hay contrato de por medio, que en muchas ocasiones se trabaja a partir de meros acuerdos verbales. No se puede generalizar, pero parece que hemos avanzado en algunos aspectos, mientras que, en realidad, hemos retrocedido en muchos otros relacionados con el sector artístico y la situación de quienes trabajan en él. Esta dualidad refleja un panorama complejo donde, a pesar de ciertos progresos, persisten problemas significativos que afectan la estabilidad y el reconocimiento de los profesionales del arte.

De hecho, a mediados del siglo pasado era habitual establecer contratos e incluso poner en nómina a artistas desde las galerías, pero se fue perdiendo la costumbre conforme ganó terreno la noción de «capital simbólico», concepto ideado por Pierre Bourdieu mientras teorizaba sobre lo que a menudo parece trivial en nuestra vida cotidiana. Su obra se centra en el poder simbólico, la violencia y las diferentes formas de capital, subrayando el papel activo que desempeñan los recursos simbólicos en la construcción y mantenimiento de las jerarquías sociales.

Aunque sus ideas son similares a las de Max Weber sobre la conexión entre carisma y legitimidad, la noción de «capital simbólico» de Bourdieu se relaciona con otros conceptos clave en su economía social, integrando las dimensiones subjetivas y objetivas de los fenómenos sociales. Según Weber, hay un tipo de organización o liderazgo en el que la autoridad proviene del carisma del líder, lo que establece una dinámica de poder en la que la personalidad tiene un papel crucial. En este sentido, dentro del arte, ciertos agentes culturales tiran de personalismo porque el siglo XXI pide creación de marca personal para desarrollarse profesionalmente. Esto, llevado a grados extremos, deriva en el culto a la personalidad. Es importante matizar que, aunque el personalismo se puede dar en regímenes democráticos, el culto a la personalidad sólo se da en regímenes autoritarios. Por eso, algunos directores de instituciones culturales ligan en exceso su imagen a la del centro y movilizan a las masas como si la distribución de los presupuestos dependiese de su generosidad, provocando una identificación del personaje con la cultura misma.

Difícilmente se contrasta desde la crítica la legitimidad de tales personajes, ya que la aceptación por parte del público general se ha convertido en el termómetro que mide lo que está permitido. No es sorprendente que, durante el primer cuarto del siglo XXI, hayan proliferado los perfiles narcisistas y un liderazgo personalista carente de ética, junto con eslóganes sobre buenas prácticas que, a menudo, se contradicen con la realidad. Sin embargo, las voces críticas en este contexto son escasas, ya que la disidencia se enfrenta a severas represalias. Tras atravesar múltiples crisis, tanto económicas como sanitarias, nuestras sociedades parecen buscar el espejismo de una unidad, donde todos rememos en la misma dirección. Sin embargo, esta búsqueda ha llevado a un aumento de la polarización, haciendo que la convivencia con quienes piensan o actúan de manera diferente sea cada vez más difícil. Como resultado, estamos presenciando una segregación basada en grupos ideológicos y esferas de poder.

En lo que nos ocupa, la actual polarización política e ideológica se transfiere a las políticas culturales y, por lo tanto, a la gestión cultural. Pese a que haya quien se esfuerce por separar la ideología del arte, no es factible la neutralidad en lo cultural. El sesgo ideológico se hace evidente, y es que programar exposiciones que aborden cuestiones de índole social, dando visibilidad a colectivos en riesgo de exclusión, por ejemplo, tiene un marcado carácter político.

El posicionamiento de cada agente cultural es clave. Ni toda la cultura es de izquierdas ni toda la cultura es de derechas, no se puede esperar que los artistas sean automáticamente militantes defensores de los derechos de sus compañeros, ni siquiera de los Derechos Humanos. La pretendida superioridad moral de algunos círculos artísticos, acuciada por el hecho de que las nuevas tecnologías nos llevan a relacionarnos constantemente sólo con personas que piensan como nosotros, da lugar a error. No, no se es mejor pintor por votar a este o a aquel partido, ni siquiera por tener un pensamiento conservador un artista creará piezas de estética y temática conservadora necesariamente. Aunque la idea de que se pueda hacer algo dentro del mundo del arte sin sesgo político es totalmente naif. Hasta lo decorativo, por elegir que sea puramente decorativo y no otra cosa, ya supone un posicionamiento. Para aquellos que buscan disociar la obra del artista con el fin de descalificarlo y, en consecuencia, devaluar su trabajo, estamos viviendo un momento especialmente propicio. Esta tendencia plantea interrogantes sobre la responsabilidad del artista en relación con su obra y sobre cómo la percepción pública puede influir en el valor de su creación. La discusión se torna aún más intensa a medida que se cuestionan no sólo las acciones del artista, sino también los principios que guían su práctica.

La situación actual demanda un cambio radical en el concepto político. Si no lo hacemos, tanto las actitudes pasivas como las agresivas nos llevarán a un enfrentamiento que limita nuestra capacidad de acción y de pensamiento. Hace un siglo, Albert Einstein sostenía que el destino de la humanidad depende de nuestro desarrollo moral. En un mundo donde jugar con la moralidad es cada vez más peligroso, Einstein enfatizaba la importancia de la responsabilidad cívica y moral en nuestras acciones y descubrimientos, reflejando su profundo compromiso humanista.

Uno de sus consejos más valiosos fue no quedarse en las teorías, sino observar las acciones de quienes teorizan y evaluar si estas coinciden con los valores que defienden. A pesar de ser una mente brillante, Einstein era consciente de sus propias contradicciones y de que la acción es fundamental. Nos invita a cuestionarnos sobre la coherencia entre las acciones que se realizan con aquello se dice pensar y, en consecuencia, sobre el impacto de esas acciones. Estas preguntas son clave para iluminar nuestra comprensión de la moralidad en el contexto actual.

En el ámbito de la crítica actual se ha llegado a extremos que rozan el ridículo, respecto a reconocer la obra en función de la catadura moral del artista, por una especie de revisionismo histórico mal aplicado. Por ejemplo, una escritora llegó a afirmar en sus redes sociales en 2020 que, dado que estaba probado que Picasso tuvo comportamientos machistas en vida, cada vez que pasaba en un museo por delante de una obra suya trataba de no mirarla. Es decir, su activismo contra el machismo en el arte consistía en girar la cara cuando, en un recorrido expositivo, se topaba con una pintura picassiana. Entre su círculo cercano lo recomendaba como acto de rebeldía y reinterpretación del autor. Sin embargo, ¿qué efecto real tiene semejante procedimiento? Ni deja de exponerse la obra, ni las demás personas en la sala perciben el significado del gesto, solamente esa crítica sabe, en su interior, lo que está haciendo, con qué motivación y cuál es el propósito, absolutamente fallido. Porque, si, cerrando los ojos ante algo, eso desapareciera, sería facilísimo arreglar cualquier problema de la Humanidad.

El revisionismo histórico ha acaparado gran parte de la crítica de arte a finales del siglo XX y principios del XXI. De hecho, impregna un alto porcentaje en la actualidad. Se trata del estudio crítico de los hechos históricos y los relatos oficiales, con el fin de revisarlos para reinterpretarlos. En España empieza centrándose en la memoria histórica, dado que no hubo una transición de la dictadura franquista a la democracia satisfactoria para la sociedad. Artistas de diferentes generaciones se embarcan en proyectos que denuncian la desaparición de personas durante la Guerra Civil, las fosas comunes y la figura del dictador para concienciar al público.

Lo decía un poeta, novelista y filósofo español, George (Jorge Agustín Nicolás Ruiz de) Santayana: «El pueblo que no conoce su historia está condenado a repetirla». Si el objetivo es ser mejor hoy que ayer, tal mejora sólo se logrará aprendiendo de nuestro pasado. Por eso tantos intentan reinterpretarlo, traerlo al presente para comprenderlo y no olvidarlo. El problema es que poner ciertos hechos históricos sobre la mesa provoca un estado de crispación que despierta a los radicales. En este sentido, la crítica se compromete con la labor de diferenciar entre el arte creado como mera provocación mediática, usando símbolos e imágenes de un pasado truculento, y el arte con fines activistas reales.

Aunque algunos defiendan la existencia del arte por el arte, o sea, de las obras que simplemente persiguen la belleza, sin limitaciones impuestas por la moralidad o la política, no es posible una cultura neutra. Cada creación artística conlleva un posicionamiento. Cuando se entiende la cultura como algo superficial, como una cosa que va de masificar públicos y contar a bulto, entonces el contenido importa poco. Suponemos que es desde esa visión desde la que se pretende una neutralidad, se cree que es factible alejar la política del arte. La pretensión de neutralidad en los museos puede parecer engañosa. En lugar de aspirar a un espacio sin sesgos, si lo que se busca es un verdadero acceso democrático al arte, entonces es aquel donde todas las perspectivas tengan cabida y se puedan explorar. Al final, esto no sólo beneficia a los artistas, sino también al público, que tiene la oportunidad de apreciar una variedad más rica y completa del mundo artístico.

Puesto que algunos centros de arte españoles han focalizado sus programaciones en temáticas con una tendencia ideológica de izquierdas durante las últimas décadas, la derecha y lo que se considera extrema derecha han reaccionado exigiendo lugar para los suyos. Realmente no piden neutralidad sino su cuota, ya que han visto copados los centros de arte con proyectos sobre sexualidades no normativas, cambio climático y otras cuestiones de las que reniegan o que directamente atacan en sus programas electorales. Mala estrategia la de haber desplazado a los artistas que trabajan temas conservadores e incluso negacionistas, pues esa pérdida de visibilidad ha alimentado el sentimiento de abandono y la idea de que la politización de los museos va más de qué partidos políticos gobiernan que de reflejar las preocupaciones de la sociedad. Se puede y se debe hacer política sin necesidad de pertenecer a ningún partido. El aumento de la extrema derecha en Europa está relacionado con las luchas internas dentro de los grupos de izquierdas. Esta lucha por el poder ha captado la atención de muchos artistas, quienes están creando obras que abordan la memoria histórica. En resumen, la tensión política actual inspira a los artistas a reflexionar sobre el pasado y su impacto en el presente.

En 2004, Ángel Llorente y Julián Díaz Sánchez publicaron un libro titulado *La crítica de arte en España (1939-1976)*[3] que examina la crítica de arte durante la dictadura de Franco. Este estudio se centra en cómo la Guerra Civil afectó al sistema artístico español, que se volvió más tradicional y nacionalista. A lo largo del libro, se

---

[3] A. Llorente y J. Díaz Sánchez, *La crítica de arte en España (1939-1976),* Madrid, Istmo, 2004.

analizan los argumentos utilizados por la crítica de la época y se explora su papel en un contexto muy diferente al actual.

Recuperar la memoria histórica a través del arte es un objetivo tanto de artistas como de críticos. Se procura ofrecer una mirada retrospectiva que va desde los totalitarismos del siglo XX hasta el colonialismo más rudimentario e incipiente, cómo afecta al desarrollo de ciertos países y cuáles son sus vestigios en la actualidad. La crítica al colonialismo como sistema de dominación política y militar culmina en el pensamiento decolonial. El control no consentido de una población en una región colonizada ha dejado una profunda huella cultural en esa comunidad. Sin limitarse al pasado, el colonialismo sigue presente en los movimientos contemporáneos que explotan recursos ajenos para el beneficio económico inmediato de la nación que se beneficia de esta extracción, a menudo a expensas de la comunidad oprimida. Este fenómeno está en la raíz de las peores consecuencias de la globalización y de ciertas dinámicas neoliberales que es importante analizar. Comprender esto no sólo es esencial para reparar el daño histórico a otras sociedades, sino que también nos ayuda a identificar el origen de nuestros problemas actuales.

El pensamiento decolonial sostiene que hemos de repensar la acción política de unos países sobre otros, para crear un diálogo que contraste con el monólogo eurocéntrico de la modernización y su proceso constituido por la globalización. De este modo, la decolonialidad da cuenta del pensamiento que analiza críticamente la matriz del poder colonial que, en el capitalismo global, persiste bajo formas de conocimiento totalizantes. Esto tiene que ver con el hecho de que nos cueste imaginar sistemas alternativos a los ya conocidos y en los que se han visto inmersas nuestras sociedades.

En 2024, el Ministerio de Cultura y Deporte de España abrió la posibilidad de abordar la cuestión decolonial, como ya hicieron Alemania y Francia, revisando las colecciones y la museografía nacional. Otros países como Inglaterra se resisten a ello. Esto es porque las obras de arte que provienen de expolios con violencia y demás, son un menoscabo al honor de los antepasados de muchas personas. El crítico y comisario Agustín Pérez Rubio abordó este tema en una de sus conferencias titulada «Colonialidad a contrapelo. Restituciones decoloniales queer/cuir desde el Sur», combinando la crítica anticolonial con cuestiones de género, explorando cómo estos dos aspectos se entrelazan y afectan a la sociedad.

Pérez Rubio explicaba que no es hasta 1985 cuando una mujer india se pregunta, a través de la escritura de un ensayo, si el nuevo capitalismo global pone el foco en el cuerpo sexualizado para discriminar de un modo radical. La pensadora Gayatri Chakravorty Spivak, en su texto «Can the Subaltern Speak?», cuestionaba si «los subalternos» tienen voz. Transformó el análisis del colonialismo poniendo de relieve la importancia del marxismo mientras utilizaba métodos deconstruccionistas para explorar la división internacional del trabajo y la homogenización del mundo por parte del capitalismo. Pues la anarquía económica que el capitalismo crea en cuanto al mercado, promoviendo la competición permanente, sostiene la lógica del beneficio privado y las pulsiones egoístas, impidiendo la buena convivencia en comunidad, así como los diálogos entre personas de distintos orígenes.

El ensayo de Spivak se centra en los factores históricos e ideológicos que obstruyen la posibilidad de ser escuchados por quienes habitan la periferia. El sujeto colonizado no es preguntado, no es quien escribe la historia y por lo tanto sus experiencias y necesidades quedan desvirtuadas a lo largo del tiempo. Esto afecta a las categorías identitarias, de ahí que Pérez Rubio hilase el pensamiento decolonial con lo cuir. Porque implica transgredir las categorías binarias de la contemporaneidad, lo que el feminismo interseccional entronca con los postulados académicos decoloniales. Girando, en su conjunto, sobre la necesidad del respeto a los Derechos Humanos y la supervivencia desde la colectividad.

Pero, volviendo a Juan Manuel Aragüés: «No se trata de buscar qué identidad es más inclusiva, pues las identidades no implican posición política: ser obrero no implica ser revolucionario, como ser mujer no implica ser feminista, ni ser homosexual te convierte en defensor de los derechos de los oprimidos»[4]. A propósito del libro de Daniel Bernabé *La trampa de la diversidad*, explicaba que más que de una trampa de la diversidad, ante lo que nos hallamos es ante la trampa de las identidades, una trampa que imposibilita la construcción de un sujeto político antagonista de amplio espectro. Porque, según el filósofo, «una cosa es la clase desde una perspec-

---

[4] J. M. Aragüés, «La trampa de la identidad, el antídoto de la diferencia: de idiotas a koinotas», *El Salto,* 20 de noviembre de 2018.

tiva sociológica y otra desde una perspectiva política». Se menciona a Marx para destacar que, aunque las personas en una fábrica pertenecen a la misma clase sociológica, eso no implica que compartan la misma clase política. Esto sugiere que la identidad es más complicada que simplemente la desigualdad económica. La lucha de clases desempeña un papel importante en esta dinámica, ya que hay un constante tira y afloja entre homogeneizar y resaltar las diferencias. Deleuze advierte que, al buscar diferenciarnos, corremos el riesgo de perder la capacidad de conectar con los demás, creando identidades muy específicas. Así, Aragüés concluye que glorificar la diferencia identitaria es un desafío común tanto para los movimientos nacionalistas como para las perspectivas decoloniales.

La plataforma de investigación y de coaprendizaje sobre las prácticas de producción audiovisual colaborativas del Museo Reina Sofía «Subtramas» aborda estos aspectos de la geopolítica a partir de la crítica de arte y la investigación artística. Es un proyecto de Diego del Pozo, Montse Romaní y Virginia Villaplana, acogido por la institución en 2013 y vigente en 2024. El formato ensayo en el que plasman su actividad es más visual que escrito; no obstante, sigue siendo de carácter crítico y ensayístico. Como ensayo documental, recoge un conjunto de experiencias teórico-prácticas que reflexionan sobre la dimensión colaborativa en la producción de relatos audiovisuales sobre la colonialidad.

Sus publicaciones en papel nacen de la mano de diversos encuentros, como las Jornadas de Estudio de la Imagen celebradas en el Centro de Arte Dos de Mayo (CA2M) de Móstoles en 2014. Asimismo, han trabajado con el Foro de Educación Radical, un grupo formado por personas que trabajan en una variedad de entornos educativos que se reúnen mensualmente para reflexionar sobre las teorías pedagógicas y otras cuestiones de interés para aquellos involucrados en la educación desde el ámbito cultural. Defienden la justicia social en la educación y la vinculación de los profesionales de las artes con las principales instituciones educativas, las iniciativas comunitarias, los movimientos sociales, los espacios del arte y los grupos autogestionados, promoviendo la inclusión social, combatiendo el racismo y la xenofobia, tres problemas asociados al poscolonialismo.

Este tipo de colectivos generan piezas artísticas y crítica en torno a las mismas basándose en las diversas colonizaciones occidentales a lo largo de la historia, desde la protagonizada por parte de la Corona de Castilla y el Reino de Portugal en las civilizaciones residentes en el entonces llamado «Nuevo Mundo» hasta la francesa y británica del continente africano o las sucesivas expansiones en Oriente Medio y Asia. Se produce una revisión crítica del legado cultural de las colonizaciones mediante múltiples perspectivas y enfoques, donde no cabe tan sólo una teoría.

La teorización sobre el poscolonialismo comenzó en los años ochenta, con el libro *Orientalismo* de Edward W. Said, publicado en 1978. Este enfoque se vincula a los Estudios Culturales que surgieron tras la Segunda Guerra Mundial y a los Estudios Subalternos de la India, que se expandieron en América Latina. Las teorías poscoloniales abordan temas como la construcción de una identidad nacional después de la colonización, la crítica de la visión cultural eurocéntrica y la revisión de las narrativas occidentales. O sea, sostienen que la narrativa de la modernidad está influida por las experiencias y perspectivas de la época colonial. Francisco Machuca Prieto lo expone en un artículo de la *Revista Historia Autónoma*[5], donde se abordan diversas disciplinas relacionadas con la historia.

Entonces, la crítica de arte... ¿dónde se sitúa? ¿Pedagogía? ¿Historia? ¿Ciencia? Decir que su área es trasversal se queda corto. Sin embargo, la raíz la encontramos en las Humanidades. De hecho, apreciamos que el ámbito filosófico es el caldo de cultivo en el que se desarrollan la mayor parte de los críticos de referencia, nacional e internacional. Tomemos a dos referentes a caballo entre el siglo XX y el XXI, uno español y otro estadounidense. Por ejemplo, Félix de Azúa está comúnmente aceptado como filósofo que realiza ejercicios de crítica artística de lo más inteligentes. Incontables estudiantes universitarios consultan cada curso su *Diccionario de las Artes*. Ha escrito mucho sobre la obra de Goya, Cézanne, Delacroix, Degas, Kandinsky, Picasso, Saura, Barceló y la simbólica «muerte del arte», entre otras cosas. Por su parte, el estadounidense Hal Foster, uno de los críticos vivos más influyentes a nivel global, escribe con una base fi-

---

    5 F. Machuca Prieto, «Viejos problemas, nuevos enfoques: las aportaciones de la teoría poscolonial al estudio de la Antigüedad», *Revista Historia Autónoma* 4 (2014), pp. 33-46.

losófica muy potente y sus reflexiones derivan de la teoría posestructuralista, el psicoanálisis y lo que podría considerarse neomarxismo.

Sin embargo, Arthur Danto es el único que se destaca como filósofo del arte. Influido por la tradición hegeliana en Estética, Danto defendió la idea de la «muerte del arte» en el contexto de la cultura contemporánea. Crítico de arte de renombre, falleció en 2013, por lo que presenció la degeneración progresiva del sector cultural en cuanto a precarización y falta de pensamiento. Según Danto, una obra artística queda definida por dos criterios esenciales: el significado y la materialización. A estos sumaba un tercero, la interpretación que cada espectador aporta a esa obra.

Utilizando a Duchamp y a Warhol como ejemplo, Danto puso sobre la mesa la pregunta del millón: ¿cómo distinguir una obra de arte de un mero objeto? Porque un urinario aleatorio es distinto al de la obra de Duchamp. O sea, que un mismo objeto, retinianamente hablando, puede ser o no ser arte contemporáneo. La mirada externa, la del espectador, la interpretación del público, parece ser lo que completa y acuña qué es arte. Eso o el arte ha muerto. Pero vale ya de presuponer la muerte de la pintura o la de cualquier tipo de arte, independientemente de su técnica, ¡vale ya! Adentrándonos en el siglo XXI, cabría esperar que hubiésemos superado esa fase. Lejos de esa superación, encontramos el trabajo de la crítica mexicana Avelina Lésper, quien sostiene que lo que no es canónico ni algo subversivo no es arte automáticamente. Este tema merece una atención especial, ya que escribir crítica de arte para ridiculizar obras que no se consideran arte es, en realidad, un ejercicio provocador y una estrategia promocional muy alineada con el neoliberalismo. Guillermo Villamizar, artista y crítico colombiano, señala acertadamente que «el neoliberalismo y su contrarreforma cultural encuentran en la voz conservadora de Lésper su mejor expresión»[6]. Esto se debe a que su retórica, que ha logrado captar la atención y aplausos del público, puede estar funcionando a su favor. La idea de que cualquier cosa pueda ser considerada una obra de arte resulta inquietante, descolocando y rompiendo con los esquemas de la comodidad intelectual.

---

[6] Consúltese [https://esferapublica.org/avelina-lesper-fraude-la-critica-al-arte-contemporaneo/].

Filósofo, escritor y crítico de arte español, Fernando Castro Flórez es un pensador con opiniones controvertidas cuyos escritos son objeto de discusión, hacen pensar, motivan al lector a que se acerque al arte para decidir qué le gusta y qué no. Comunica invitando al público a acceder por sus propios medios a la crítica. A Castro Flórez se le da genial la oratoria y sus conferencias son como críticas formuladas en directo. Ha inspirado a muchos de los jóvenes talentos de la filosofía actual española, así como a críticos y artistas. Porque en su labor de crítico, aunque a veces emplee un lenguaje irreverente, siempre procura servir de guía y de apoyo. Sus críticas son constructivas, nunca destructivas aunque se les note un tono mordaz y sea de los pocos críticos que se atreve a enunciar opiniones negativas, en ocasiones bastante duras. Uno puede estar o no de acuerdo con lo que expresa, pero leer un texto suyo estimula a cualquiera, introduce mucha información útil y ayuda a aclarar ideas. Su perfil es inusual y, cuando realiza una crítica negativa, lo hace respecto a un proyecto o artista consagrado que piensa que ha fallado, explicando por qué. No carga contra lo que tal vez flojea porque está empezando, algo que muchos críticos sí hacen, ya que atacar al arte emergente y al artista que trata de abrirse paso con dificultad, cometiendo las torpezas propias de la inexperiencia, es lo más fácil y cómodo para quienes desean llamar la atención pero sin arriesgar.

La crítica de arte merece una rehabilitación para no quedarse en un intento por ofender o una mera descripción. Tratando de contentar a todos, regurgitando notas de prensa y redactando textos anodinos no se llega a ningún lado, pero basta con hacer una breve investigación para contemplar que la mayor parte en la actualidad va en esa línea; que lo que no es ni menosprecio ni vacuidad, lo que está escrito con fundamento y buscando despertar el pensamiento crítico sin tratar de dirigir la mirada del lector es la excepción, lo raro, lo menos visible hoy día en este terreno. El fenómeno del predominio del color gris en los objetos del siglo XXI, descubierto por una investigación del Science Museum de Londres, se extiende al pensamiento y podemos verlo en el ámbito de la crítica, donde la tendencia es hacia la neutralidad. La precarización y el miedo a ser señalados lleva a la mayoría de los críticos de arte a no salirse de lo establecido, por lo que la diversidad de opiniones disminuye.

Opinar diferente, incluso cambiar de opinión o rectificar, está penalizado, mientras se premia la ambigüedad de mantenerse en una zona gris. Dice la periodista española Raquel Martos, en su sección de opinión titulada *Gente corriente* que publica el medio *infoLibre*, que, cuando dejemos de entender la rectificación como muestra de debilidad, seremos una sociedad más sana. Quizá, también, menos gris. La noción de «gris» se manifiesta en múltiples dimensiones. En términos prácticos, se refiere a cómo el color gris se integra en la paleta del mundo, tal como sostiene Peter Sloterdijk. Sin embargo, su significado trasciende lo visual y se convierte en una metáfora que permite reflexionar sobre un estado moral que parece estar adormecido. Este «gris» simboliza la ambigüedad y la falta de claridad en la vida y las decisiones humanas, sugiriendo que muchas veces nos encontramos en una zona intermedia, donde las convicciones y valores se diluyen, dificultando la toma de decisiones firmes y la acción moral[7]. Por su parte, los artistas se ven a veces forzados a entrar en esos modelos de proyectos grises que son acogidos por las instituciones, pues la fórmula del éxito ha perdido su color. Vivimos en una sociedad desteñida, en la que sólo salva el cuello quien no se moja con ningún color, por lo tanto gana lo gris, que, en realidad, no es color alguno.

Volviendo a Lésper: burlarse de que el *performance* y el arte de acción desafíen las normas y escribir críticas crueles sobre el trabajo de jóvenes artistas que se hallan inmersos en procesos de investigación es su sello porque le da visibilidad. Comportarse de semejante manera convierte al crítico de turno en una estrella de las redes. Un odiador, además odiado. Le otorga una notoriedad gratuita que se traduce en la monetización de su actividad crítica por vías mucho más lucrativas que la prensa especializada o las revistas de arte. Plataformas como YouTube o TikTok premian los vídeos polémicos y ahí es donde encuentran su filón críticos de arte como Antonio García Villarán.

García Villarán es un artista plástico y crítico de arte español que comenzó su andadura en el sector cultural como editor de poesía. Hizo algunas apariciones televisivas como *performer*, hasta encontrar su estrategia perfecta. Él mismo se mofó del arte de acción, en una especie de autoparodia, inventando un modo despectivo para

---

[7] P. Sloterdijk, *Gris. El color de la contemporaneidad*, Madrid, Siruela, 2024.

etiquetar lo que se supone que quiere ser arte y no llega. Concibió así el concepto de *hamparte,* con el que critica algunas corrientes artísticas contemporáneas y congenia estupendamente con Lésper, ambos muy presentes en medios generando polémica, a veces de forma sobreactuada; cada uno con su público fiel, seguidores que pagan por sus cursos, mentorías, libros, suscripciones *online* y demás. De hecho, él es uno de los primeros profesionales del arte que aparece en los principales buscadores de internet cuando se busca «crítica de arte en español» y su canal de YouTube cosecha seguidores entre el público más joven. García Villarán puede incomodar, causar rechazo o simpatía, pero lo que es seguro es que su trabajo tiene mérito porque ha creado un producto y lo ha posicionado.

No es que se tenga que animar y premiar a todo aquel que sueña con ser artista, sin atender a si tiene talento, destreza y constancia. Pero ¿qué sentido tiene criticar si no es con ánimo constructivo? Cortarle las alas a alguien que está probando técnicas, buscando su camino, abriéndose paso, puede ser desastroso. Desde luego es injusto cuando no se fundamenta la negatividad vertida sobre un determinado proyecto. Por un lado, están los críticos que sólo alaban y describen, sin hacer auténtica crítica; por otro, los que destruyen con unas breves líneas el trabajo que tanto cuesta construir desde la insistente precariedad del mundo del arte. ¿Cómo proteger a los artistas de la crítica malintencionada?

Sin artistas no habría obras que llenen los museos, las galerías y los centros de arte. Injustamente, su vulnerabilidad es explotada con total impunidad. Sin ellos no existirían ni las exposiciones, ni la venta, ni marchantes, ni personal vinculado a esta área. Tampoco habría crítica de arte. Los intermediarios en el sector son los que mejor se adaptan a las crisis económicas, siendo los primeros en sobrevivir cuando las cosas se complican. Además, cuando el panorama es positivo, son quienes obtienen los mayores beneficios. Esto demuestra que su papel es clave tanto en momentos difíciles como en tiempos de bonanza, lo que les da una ventaja en el entorno económico. Es el productor primario el que recibe peor trato y menos garantías de pervivencia. Este es un problema de base que se lleva arrastrando décadas. La pugna por el máximo margen de beneficio y el machaque a los productores de arte ha debilitado al sector de principio a fin, en todos sus aspectos, incluida la crítica.

El crítico Rafael López Borrego, que mantiene un atractivo canal de YouTube dedicado a acercar a todo el mundo conceptos relacionados con el arte, la estética y la teoría del arte, explica que el arte en sí no tiene precio,

pero, cuando una obra de arte sale al mercado, es capaz de adquirirlo como cualquier otro producto debido a la ley de la oferta y la demanda. Pero olvidemos por un momento el mercado y centrémonos en el museo, en las obras que se exponen en él, donde no existe el mercado sino sólo la contemplación de la obra de arte. Allí, ¿quién puede decir que un Picasso tiene mayor valor que un Mondrian? En el museo, el valor material se neutraliza y la visión artística de la obra adquiere un nuevo carácter, porque deja de ser una cuestión económica para convertirse en una apreciación de aquello que la obra tiene de archiprecioso, de valorable, del espíritu del que nos hablaba Adorno en su *Teoría estética*. Esa labor ante la obra de arte será en primer lugar trabajo para el crítico que debe asumirla con total responsabilidad al igual que el público que acuda a gozar de ese diálogo con la obra de arte[8].

Estamos hablando de neoliberalismo, precariedad y comunicación en un sector que parecía boyante hace unas décadas, cuando los contenedores culturales se construían por doquier sin necesidad de pensar demasiado en sus futuros contenidos. Los museos y centros de arte son lugares de encuentro para la cultura, hacia los que la crítica vuelca casi toda su atención, por encima de ferias, bienales, fundaciones y galerías. En los museos se observa y se aprende, porque «la mirada sirve como elemento de comunicación entre el objeto y el espectador»[9], como afirma López Borrego. Lo que está relacionado con el museo se considera museal, refiriéndose a objetos que no siempre tienen una conexión directa con la vida de los observadores. Estos objetos actúan como guardianes del pasado y son testimonios de la historia. Sin embargo, el proyecto de catalogar y exhibir obras de arte se cuestiona en una sociedad que

---

8 R. López Borrego, *Las categorías estéticas. De lo bello a lo grotesco*, Amazon, 2023, pp. 140-141.
9 R. López Borrego, *Estética del viaje. Reflexiones en torno al arte y el nomadismo global*, Salamanca, LC Ediciones, 2020, p. 94.

ve al museo como un escaparate, más que como un espacio de conexión emocional o significado profundo. En este contexto, la función del museo se transforma en un espectáculo, donde la experiencia se basa en la apariencia más que en la reflexión. Castro Flórez compara museo con mausoleo; más allá de un juego fonético, lo hace porque considera al museo como la «cúspide de la joyería política contemporánea»[10], que, más que exponer, consagra. No podemos dejar que los márgenes de libertad estén sometidos a la codicia de los especuladores, sean estos quienes sean. Estamos a tiempo de que, a través de una perspectiva que va más allá de su mera utilidad, se elabore un nuevo discurso cultural capaz de transformar las imposiciones ideológicas que mantienen los poderes materiales. Intentar resolver el conflicto entre lo simbólico y lo económico se erige de manera prioritaria. Requiere analizar el pasado, sí, pero para avanzar superando los dictámenes del interés económico transnacional. La libertad de pensamiento no debe seguir condicionada por el capital, porque los parámetros de reflexión teórico-práctica actuales favorecen entonces la autocensura y se restringe el acceso a la crítica, cuando no se instrumentaliza.

Teóricamente, muchas asociaciones han destacado la importancia de abordar ciertos temas, pero la realidad es que intervienen demasiados intereses que dificultan su resolución. Los miembros de los organismos que deberían actuar en consecuencia a menudo son tanto jueces como partes interesadas. Sus demandas se quedan en simples manifiestos y comunicados que, aunque bien intencionados, carecen de cualquier impacto real. Tal vez no hay interés en que estas denuncias vayan más allá de lo simbólico.

A pesar de que esta postura puede ser impopular, refleja cómo nuestra vida está mediada por las redes sociales. Nos preocupamos constantemente por cuál es la opinión correcta sobre un tema ya muy debatido en línea. Quedarse en el lado «correcto» de la historia se traduce en firmar peticiones en Change.org que, aunque calman momentáneamente la indignación, no generan cambios a largo plazo. Sin embargo, esas listas de firmantes son valiosas para identificar quiénes apoyan públicamente una causa, lo que puede

___

10 F. Castro Flórez, *Mierda y catástrofe. Síndromes culturales del arte contemporáneo*, Madrid, Fórcola, 2014, p. 56.

influir en los intereses de los involucrados. Así, el apoyo público se ha convertido en una herramienta de manipulación.

Los listados van más allá de los movimientos para favorecer las buenas prácticas del sector y señalar la mala praxis. Inundan los suplementos culturales para dilucidar quién es mejor, qué artistas merecen especial atención, están despuntando o han hecho algo que los eleva a la categoría de relevantes. Es absurdo tratar de escapar a las listas de mejor y peor, destacable o detestable. Se han puesto de moda y determinan quién es influyente, lo cual parece importar por encima de la calidad del trabajo o su proyección de futuro. De nuevo, inmediatez y capital simbólico, dos cosas que no dan de comer.

En sociología y antropología, el «capital simbólico», que hemos mencionado antes, se refiere a los recursos que una persona posee basados en su honor, prestigio o reconocimiento dentro de una cultura. Aunque sin impacto económico inmediato, puede influir en la posición social de un individuo y en cómo es percibido por los demás. Estar entre los agentes culturales más influyentes del año impulsa la trayectoria de cualquiera, ¿o no? No sólo no tendría sentido negarse a aparecer en una lista de personas importantes, sino que tampoco lo tiene oponer resistencia a participar de la escritura de dicha lista. Es decir, de ostentar el privilegio de quien decide quién aparece en ella y ese es el cometido del crítico cuando se proponen los listados anuales, la puntuación de actividades culturales de mejor a peor, o el *ranking* de talentos emergentes.

Otro modo de entenderlo es atendiendo a la responsabilidad que conlleva establecer esa delgada línea entre los que merecen ser destacados y los que todavía no, tal vez nunca. Si se ha de caer en la creación de listas porque es la tendencia del momento, entonces mejor dejar tal asunto en manos de profesionales cualificados y con una trayectoria que indique honradez en su quehacer. Volvemos al capital simbólico, en esta ocasión, el del crítico. Porque la aceptación social y el alcance que tengan las opiniones de un determinado crítico lo convertirán en un auténtico prescriptor, digno de recibir el poder para señalar públicamente aquello destacable según su criterio.

La crítica de arte se vincula a la proliferación de observatorios culturales que surgen por la necesidad de crear fuentes de datos fiables, completas y accesibles. Este es un tema delicado, pues en España múltiples asociaciones de profesionales de la cultura colaboran tanto a nivel organizativo como económico en la ejecución anual de un informe promovido por una entidad privada que gestó y gestiona el principal observatorio. La institución es privada aunque sin ánimo de lucro y se llama Fundación Contemporánea. Nació en Madrid, en 2008, con el impulso del centro cultural La Fábrica, también una iniciativa privada que se dedica a la edición y la docencia en materia de gestión cultural. Entre sus fundadores se encuentran Alberto Fesser (presidente) y el fallecido Alberto Anaut.

Por definición, surge con el propósito de fomentar el desarrollo del sector cultural en el ámbito español e internacional, a través de formaciones especializadas y la creación de redes para el intercambio y la colaboración entre profesionales y organizaciones culturales. Jamás se ha escrito ningún texto crítico que ponga en tela de juicio el sistema por el cual tanto la fundación como el observatorio se consideran infalibles y con la potestad de tomar algunas de las decisiones más notables y que más afectan al sector artístico español. Imaginar una crítica de arte a la contra de la dirección que marca esta fundación y su observatorio es tan inverosímil como imaginarnos actuando en el sistema capitalista neoliberal desde fuera de él.

¿Qué garantía de fiabilidad ofrece un ente como Fundación Contemporánea? Precisamente porque integra la gestión y la opinión de agentes culturales de todo color político, edad, origen y formación, tanto independientes como trabajadores de instituciones culturales públicas, refleja más fielmente la realidad del sector que otras entidades. No tiene una determinación política que se incline ante el gobierno de unos u otros, recaba información de todos lados y aspira a la excelencia en el proceder por encima de cualquier otro interés. Su directiva se reúne con dirigentes autonómicos de izquierda, derecha y extrema derecha, entendemos que para escuchar todos los puntos de vista. Esto, que podría parecer alarmante, sin embargo es buen síntoma, puesto que la aleja del sectarismo y de las ideas distorsionadas que surgen de rodearse sólo de quienes piensan lo mismo. Comprender que en el ámbito artístico no hay la homogeneidad quimérica que muchos reclaman es uno de los principales aciertos para que un observatorio funcione.

El reclamo de la participación es esencial para el funcionamiento efectivo de un observatorio cultural. Desde 2009, «El Observatorio de la Cultura» se encarga de crear *rankings* e indicadores que evalúan la actividad cultural en diversas comunidades autónomas y ciudades de España, así como las instituciones y eventos culturales más relevantes del año. La inclusión en estas listas es muy deseada, ya que numerosas entidades aspiran a figurar en ellas, avanzar en su posición y, sobre todo, ser parte del selecto grupo de expertos consultados de manera anónima para obtener datos. A partir de las respuestas de estos expertos, se establece un baremo que intenta acercarse a la objetividad en un ámbito donde la percepción personal tiende a dominar.

Además del Observatorio, la Fundación Contemporánea organiza desde 2011 el conocido encuentro «Pública», que reúne anualmente en el Círculo de Bellas Artes de Madrid a destacados profesionales del ámbito cultural. Durante este evento se presentan nuevos proyectos, propuestas y oportunidades tanto del sector público como del privado. Desde 2013, también coordina el máster «La Fábrica: Dirección de Proyectos Culturales», diseñado para ofrecer a los estudiantes experiencias reales en la creación y gestión de proyectos culturales. Sin olvidar mencionar que es responsable de la organización del festival internacional de fotografía PHotoESPAÑA y ofrece una variedad de cursos relacionados con la gestión cultural.

Frente a la abundancia de opciones formativas a menudo sin fundamento, la propuesta de la Fundación Contemporánea se destaca por su utilidad práctica en la adquisición de habilidades para el trabajo en este sector. Esto se evidencia en la calidad de los profesionales que imparten sus cursos, quienes cuentan con trayectorias coherentes y criterios que son reconocidos como válidos.

Pero que un criterio se valide como apto para guiar a los demás no siempre depende de haber demostrado aptitudes adecuadas. Ya decía Schopenhauer que muchas veces las cosas no se le dan al que las merece más, sino al que sabe pedirlas con insistencia. Así, nos dejamos guiar por quienes alcen la vara de medir más rápido o de forma más enérgica, y vemos formalizar grandes proyectos a artistas cuyo trabajo es, a todas luces, flojo. Sucede si han sido tenaces hasta la saciedad y al final han tocado a la puerta indicada, en el preciso instante para obtener su deseo. Se trata del factor suerte, nunca descartable. Asimismo, escritores que se pronuncian sobre cualquier cosa en todos los medios posibles, hacen mucho ruido en redes sociales y se plantan en todas las inauguraciones que pueden dando la nota, logran posicionarse como voces legitimadas aunque su trayectoria no les respalde. A esas voces la crítica de arte tendría que responder.

Mercado del arte y mundo del arte no son la misma cosa. Dentro del segundo está, indudablemente, el primero; pero no son, de ninguna manera, intercambiables. El arte funciona al margen de su vertiente mercantil, aunque los artistas sean trabajadores y, como es lógico, luchen por sus derechos dentro del sector. En ese campo también puede ayudar la crítica. Que una obra no se venda nunca no la convierte en peor que otra muy cotizada y que haya cambiado de manos muchas veces en galerías y subastas. Que un artista venda en su estudio o mediante sus redes sociales no le otorga un rango inferior al del artista que trabaja siempre a través de galerías. Entrar en el circuito mercantilista es requisito para asegurarse la obtención de una retribución económica periódica; sin embargo, no todos los artistas acceden a ello y reflexionar sobre los motivos y las posibles alternativas es tarea del crítico.

Hubo un punto de inflexión a comienzos del siglo XXI en este terreno y fue cuando asumimos con resignación que se hablase de la cultura en términos de «producto» y «consumo». Hemos normalizado que los directores de museos, los comisarios y la crítica animen a «consumir cultura» tirando de *marketing, influencers*, prescriptores y venta de material promocional, como gorras y camisetas con logos gigantescos. No obstante, el antropólogo y crítico argentino Néstor García Canclini definía en 1993 el consumo cultural como un conjunto de procesos de apropiación y usos de productos en los que el valor simbólico prevalece sobre los valores de uso y de cambio, o donde al menos estos últimos se configuran subordinados a la dimensión simbólica. ¿Qué es lo que ha cambiado? ¿Dónde ha ido ese valor simbólico? ¿Cuándo pasa la cultura a convertirse en un producto? ¿A quién beneficia que se conciba estrictamente en calidad de producto?

A la figura del prescriptor se une la del *copywriter* del arte, creador de eslóganes y ganchos. Un *copywriter* es el especialista en redacción de textos publicitarios o de *marketing*. Su trabajo consiste en la creación de textos originales que deben ser llamativos y convincentes para posicionar una marca o para animar al lector a realizar una acción de compra, suscripción o solicitud de información.

El *copywriter* español más famoso es Isra Bravo y basa su éxito en la máxima de que saber vender lo es todo. Escribe reflexiones banales sobre si la mayoría de los artistas son pobres porque no han aprendido a vender, asumiendo que un artista tiene que ser su propia marca y hacer *marketing* a cada paso, por encima de crear obra. La obra, para los *copywriters,* es lo de menos. En la medida en que las obras de arte pasan a ser un producto más en el mercado, da igual estar vendiendo un cuadro que un sándwich. Las técnicas para engatusar al cliente, que quizá ni siquiera tenga un interés genuino en el arte, son más o menos las mismas.

Dichas técnicas se encuentran, por supuesto, en los cursos a distancia que ofrece el *copywriter* para quienes quieran convertirse en grandes vendedores de lo que sea. Cursos que prometen mucho, facturan un montón (a menudo fuera de nuestras fronteras, por aquello de que los impuestos son menos en otros lares) y engrosan la cuenta de quien los imparte. Este individuo presume de tener un gran capital y considera que su método es exitoso. Sin embargo, ese capital ha sido acumulado gracias a quienes pagan por los cursos y la publicidad, no por su habilidad para desenvolverse en el mundo del arte ni por contar con una trayectoria acreditada en el sector. Ante esta estrategia, el mercado se encuentra sin regulación, siendo explotado por aquellos que afirman tener la fórmula mágica para dominarlo.

Tales perfiles, como prescriptores, *influencers* y *copywriters,* no son conscientes de su propia caducidad en manos del mercado. Al carecer de trayectorias sólidas y de conocimientos que respalden una profesionalización auténtica –como la que ofrecen plataformas como la Fundación Contemporánea–, su futuro es incierto, con un éxito efímero. Se convierten en rémoras que se creen tiburones, personajes secundarios en una escena artística marcada por la desesperación que fomenta la pillería.

Durante el décimo Barcelona Symposium de Talking Galleries, celebrado los días 22 y 23 de enero de 2024 en el Museu d'Art Contemporani de Barcelona (MACBA), hubo un panel de discusión titulado «Museos y mercado. ¿Ha parasitado el mercado del arte al museo?». La pregunta era perfecta para lanzarla en un congreso internacional orientado a galeristas y profesionales del arte, que examinaba los retos a los que se enfrenta la comunidad artística, más allá de la amenaza de agentes externos que buscan lucrarse del sector con dudosas prácticas como las que hemos descrito. Participaron en la mesa Manuel Borja-Villel, Álex Nogueras y Llucià Homs, los dos últimos, galeristas con proyectos serios y exitosos. El primero dirigió durante quince años el Museo Reina Sofía, ha escrito textos críticos de referencia y defiende que la cultura no es un industria, es un derecho. Por supuesto que el coleccionismo es bien recibido y que los museos crean sus colecciones por la adquisición de obras de arte. Pero el mercado del arte no puede ni debe marcar los ritmos a los museos, pues cada museo lleva a cabo una programación ideada por su dirección artística en consonancia con el espíritu de la institución y de manera coherente con su contexto. Adentrarse en un museo es comunicarse con el patrimonio tangible e intangible de la humanidad. Parece que la crítica de arte sufre una crisis de relevancia y credibilidad, pero… ¿acaso están los museos en crisis también? Recordemos que un museo es una institución pública o privada, abierta al público y al servicio de la sociedad. En él sucede gran parte de lo que ocupa al crítico en su labor. Porque, generalmente, los museos exhiben obras de arte y programan actividades culturales como las exposiciones, que contribuyen al desarrollo del tejido local, el estímulo del arte nacional e internacional, generando diálogos cruzados entre el público y el trabajo de los artistas.

Pero tal tipo de instituciones no funcionan solas, el equipo que las conforma es sumamente importante. Que un museo tenga prestigio va en proporción al trabajo que llevan a cabo todos sus empleados, aunque el mérito recaiga habitualmente en la directiva. Vivimos una época en la que la dirección de nuestros museos, por lo menos en España, es bastante personalista. La cara visible y a quien se atribuye el éxito o el fracaso de la trayectoria museística es al director. No obstante, su trabajo no es en absoluto solitario, como a menudo lo es el del crítico. ¿Cómo van a salir adelante proyectos de gran envergadura dependiendo de una única persona? Son muchos los profesionales que están detrás de cada paso: técnicos, coordinadores, seguridad, montadores de exposiciones, personal de sala, del área didáctica, administrativa, mediadores, departamento de publicaciones, diseño y un largo etcétera que incluye agentes externos contratados puntualmente como los comisarios. No caben en una foto, claro. Esto sin desmerecer los logros de quien dirija, porque, al fin y al cabo, la programación depende de la propuesta del director, de su criterio, siempre vinculado a su bagaje y sus investigaciones, o sea, los temas en los que sea experto. Aunque suele pasar por filtros como los de un patronato. Nunca se está solo al frente de un museo, por suerte. A la mayoría de los profesionales dedicados a la crítica les generan mucha desconfianza los argumentos de quienes capitanean centros de arte negando esta evidencia. La crítica también está para señalar cuando los engranajes de las instituciones museísticas no funcionan bien o tienen partes oscuras. Y más ahora, que hay tanta sensibilidad con la transparencia y las buenas prácticas. Sin embargo, se suele caer en una espiral de alabanzas a la gestión de determinados museos más que valorar los mecanismos por los que se destacan unos proyectos sobre otros. Quizá esto tenga que ver con la inminente disolución del concepto de autoría que promulgan algunos, y con el conceptualismo que se impone al arte matérico en cierto modo. Volveremos sobre estos aspectos.

La pérdida de centralidad del objeto, los cambios en el estatuto del trabajo artístico y los desplazamientos en el concepto de autoría fueron los temas de unas jornadas anteriores, precisamente organizadas en el Reina Sofía, entre enero y junio de 2018 bajo el título «Nuevos materialismos». El ciclo de conferencias promovía la reflexión sobre las nuevas formas de materialidad que subyacen a la contemporaneidad. Numerosas obras de arte de las últimas décadas se han caracterizado por activar los procesos de desmaterialización descritos por la crítica de arte neoyorquina Lucy Lippard a finales de los años sesenta del siglo pasado, y en esa línea surgen los interrogantes en torno a lo matérico y su consumo.

Actualmente, el consumo se concibe ante todo por su racionalidad económica. Subyace una estrategia del mismo mercado para aumentar la oferta de bienes y seguir marcando la desigualdad en la sociedad. Al usar el capital simbólico para contentar a quienes no reciben beneficio económico por su trabajo, se marca la diferencia con quienes producen una obra que vende adaptada al mercado. Los artistas no se homogenizan, lo hace el mercado sujeto a las dinámicas que conlleva la globalización. Eso sí, lamentablemente, algunos artistas tratan de adaptar sus obras a lo que perciben que tiene mayor aceptación en el sistema y pervierten su trabajo cambiando de técnica, temática y esencia. La falta de oportunidades los lleva a querer encajar y hacer lo que los demás.

El consumismo exacerbado y la globalización son procesos centrales del cambio económico en los 2000. Pero, junto a ellos, han ido avanzando mecanismos por los que el consumidor es lo menos parecido a un sujeto autónomo. Consumimos bajo la influencia de las tendencias a las que se nos expone por toda vía de comunicación. El tiempo que pasamos observando el mundo y comunicándonos con él a través de las pantallas va en aumento. Recibimos más información visual de la que somos capaces de procesar, publicidad subliminal, sobreestimulación constante para abocarnos a desear más de lo que necesitamos en nuestras vidas y, por lo tanto, acrecentar una sensación de vacío que está en el origen de algunas de las patologías contemporáneas más extendidas (enfermedades sociales).

La centralidad que adquiere el consumo en la vida social se da cuando pasa de ser una necesidad básica a una necesidad construida al querer o desear algo, según el filósofo Zygmunt Bauman[11]. Se publicita el consumo de objetos y de experiencias como algo que ayuda al ser humano a su autorrealización, que lo hace formar parte de un grupo y fomenta la inclusión social. Decía Bauman que vivimos en una «sociedad de consumo» que convierte a los consumidores obedientes en producto. Deseamos adquirir cosas que pensamos que nos harán felices, pero asistimos a la aparición incesante de nuevas modas que frustran sistemáticamente la posibilidad de satisfacción. La idea de que se deben considerar las fuerzas de la materia por encima del ser humano se encuentra en la tesis doctoral del crítico cultural Mark Fisher. Este enfoque combina diferentes perspectivas que alejan al individuo del centro de atención[12].

Con el advenimiento de la modernidad líquida, la sociedad de productores es transformada en una sociedad de consumidores. En esta nueva sociedad, los individuos son simultáneamente los promotores del producto y el producto que promueven, habitando ese mismo espacio social que es el mercado. Para acceder a los tan codiciados reconocimientos sociales se exige a las personas reciclarse bajo la forma de bienes de cambio, es decir, como productos capaces de captar la atención, atraer clientes y generar demanda.

---

[11] Z. Bauman, *Vida de consumo*, Madrid, Fondo de Cultura Económica, 2007.

[12] M. Fisher, *Constructos Flatline. Materialismo gótico y teoría-ficción cibernética,* Buenos Aires, Caja Negra, 2022.

Así lo explicaba Bauman, y esta transformación de los consumidores en objetos de consumo es el rasgo más importante de la sociedad de consumidores en la que los artistas sienten que han de ser su propia marca, venderse a través de todos los canales posibles e invertir en que otros con mayor capacidad de influencia los promocionen.

La figura del prescriptor resulta desconcertante; es ese personaje que aparece para impulsar la venta de lo que otros no han logrado comercializar. Trata de desplazar al crítico porque no tiene el pudor de resistirse a las presiones de quien paga la publicidad; influye sobre el público potencial de un evento si la marca de turno lo contrata, disfrazando de análisis fiable lo que es un intercambio comercial. Tal vez ni siquiera le ha gustado la exposición que propone visitar, pero es que no argumenta qué le ha disgustado y, por lo tanto, no mueve a que su audiencia desee asistir para emitir su juicio, contradecir o confirmar. Es que quizá le da absolutamente igual, no tiene una opinión auténtica formada y mucho menos fundamentada. Lo aparenta para que no se pierda la mágica conexión con sus seguidores, para que no se descubra el embuste, porque entonces no surte efecto la llamada a la acción. Así pues, entiende por prescriptor una persona que tiene la habilidad de influir en un determinado público cuando comparte su opinión o valoración sobre un producto, servicio o marca. Ahora que las exposiciones se definen como experiencias y que los museos buscan a *influencers* para sus campañas publicitarias, los críticos mutan por momentos en prescriptores y viceversa.

De hecho, no es extraño que en las estrategias de comunicación de los principales centros de arte a nivel mundial se contemple un alto presupuesto para contratar a prescriptores. Por una cuestión de puro *marketing* conviene que todas estas figuras vinculadas a lo artístico convivan en el mismo ecosistema, se retroalimenten y colaboren en favor de dar visibilidad al arte. La mercadotecnia, comúnmente llamada «*marketing* de *influencers*», es una forma de promoción en redes sociales en la que se contrata a personas con impacto sobre potenciales compradores para que recomienden productos o realicen emplazamientos publicitarios sutiles; que parezca que están recomendando un objeto o una actividad por voluntad propia, porque casa con su estilo de vida, ese que muestran al mundo en el plano digital y que fideliza a sus seguidores. Se supone que así estos últimos harán lo mismo y, por un proceso de imitación de la conducta de su ídolo, acudirán al lugar, adquirirán el producto y recrearán la experiencia. Además, lo compartirán en sus redes y eso servirá también de publicidad.

Se busca credibilidad entre los prescriptores; sin embargo, la normativa europea que obliga a especificar cuándo se está mostrando algo con fines publicitarios ha mermado la capacidad de influencia de un buen número de *influencers*. El consumidor ya no cree que vaya a parecerse a su famoso de referencia por comprar lo que este le indica. Tampoco por asistir a las mismas fiestas y los mismos eventos. No obstante, mientras, en el mundo del arte seguimos oyendo hablar de «consumir cultura» o «consumir productos culturales», de manera que las dinámicas de mercadeo que planteaban los prescriptores se han extendido al ámbito de la crítica. Los críticos pareciera que han de animar al público en potencia a consumir exposiciones, comprar entradas para ferias, realizar viajes para ver este o aquel monumento sin dejar de pasar por la tienda de *souvenirs*. Practican ese *marketing* de influencia que apela a los sentimientos.

No es ese, sin embargo, el camino del crítico, tal como explicaba el periodista Camilo Taufic en su ensayo *Periodismo y lucha de clases*: «No existe la información por la información; se informa para orientar en determinado sentido. Que nadie sea llamado a engaño en una materia en que tantos quieren aparecer como inocentes». Atender a qué información destaca el crítico nos dirá mucho sobre su contexto y sus intereses. También sobre su independencia o sus necesidades. Un punto importante es si tiene conciencia de clase, ¿quién la tiene hoy día? Los artistas son trabajadores y reclaman sus derechos por ello, mientras, igual que los críticos, caen en la incoherencia de actuar como si se mantuviesen ajenos a la adscripción a cualquier clase social. En términos marxistas, si uno produce pero no es propietario de los medios de producción, como la mayoría de las personas, entonces se entiende que forma parte de la clase trabajadora, la clase obrera, con todo lo que conlleva; y, en caso de que produzca a pequeña escala por sus propios medios, formaría parte de la clase media trabajadora.

Pensemos en la situación de artistas que dicen estar comprometidos con el cuidado del medioambiente y la deslocalización de la industria textil, para evitar que grandes corporaciones se lleven la producción a países en vías de desarrollo donde los trabajadores no tienen derechos. Podría deducirse de tal argumentario que tienen conciencia de clase. Sin embargo, nos damos de bruces contra la realidad cuando, desde la crítica de arte, nos aproximamos a sus obras. Por ejemplo, un mural de arte urbano criticando a una marca de *fast fashion* frente a la puerta de una de sus tiendas. El concepto de moda rápida se refiere a un fenómeno de producción y consumo masivo que se incrementa a la misma velocidad a la que van cambiando las tendencias. El tiempo de vida de cada prenda fabricada es muy corto y su producción se lleva a cabo en condiciones infrahumanas, en países alejados de las empresas y los puntos de venta. Por consiguiente, la figura de una niña esclavizada cosiendo ropa al otro lado del mundo, plasmada en un mural que promueve la conciencia crítica sobre la explotación infantil, en ese contexto, pretende afectar a la industria textil a partir del ejercicio artístico. No obstante, la vía que se emplea es la de intentar disuadir a quienes compran esa ropa, provocándoles un sentimiento de culpa cuando entran o salen de la tienda en cuestión. La empresa no percibe pérdidas millonarias y el comprador, que probablemente adquiere prendas de bajo coste ahí porque no puede permitirse los precios prohibitivos de las tiendas de comercio justo, vuelve a casa derrotado. Es la doble culpabilización de la clase obrera. Se criminaliza a la clase trabajadora porque, al no haber conciencia de clase, el artista no distingue cuál es su adversario. Esto es algo que no se contempla en los foros de la elite izquierdista en los que se premia la valentía del mural por pintarlo cerca de su objeto de crítica, antes que pararse a reflexionar si se trata de una acción eficaz, si cumple sus objetivos y si aporta a la sociedad o la perjudica. Ese tipo de obra termina por utilizarse como arma política para la lucha entre partidos de un lado y de otro, no representa una problemática de clases ni desestabiliza al mercado.

Dominadas por la inmediatez, sobreviene la pregunta de cómo puede la crítica de arte buscar nuevas formas de representación de lo observado. Las obras ofrecen la visión de los artistas, y aquellas reflexiones que se realizan desde la crítica sobre esa visión pretenden dar cuenta del pensamiento de una época, qué preocupaba a creadores y sociedad en el preciso momento en que fueron escritas. Roland Barthes y Fredric Jameson destacan un cambio significativo en cómo experimentamos la historia. Barthes argumenta que la narrativa histórica se ha vuelto más simbólica, desconectándose de los acontecimientos concretos y ofreciendo significantes que flotan sin anclarse en realidades pasadas. Por su parte, Jameson señala que la posmodernidad ha llevado a una fragmentación de nuestra percepción histórica, resultando en una «amnesia histórica» que dificulta conectar eventos de manera coherente. En conjunto, ambos sugieren que esta transformación afecta nuestra comprensión del pasado y nuestra relación con el presente, reconfigurando constantemente nuestras narrativas culturales. De esta manera, las nociones de cambio unidas a la experiencia del tiempo se han desvanecido en un momento marcado por el presente continuo. ¿Qué vende ahora? ¿Qué resulta útil para el partido que gobierna o su oposición? ¿Qué aporta la totalidad de la ciudadanía?

La cultura de masas y el debate sobre la conciencia de clase como motor de cambio nos llevan a cuestionar si hay alternativas viables hoy día. Surge la necesidad de reflexionar sobre la relación entre el arte y el materialismo. Aunque Mark Fisher pensaba que no había alternativas al capitalismo actual, también sugería que era posible buscar un camino diferente. La situación puede parecer desalentadora, pero es importante intentar encontrar un rayo de optimismo. Fisher expresaba su frustración ante la obsesión por lo material y la imposición de un realismo radical que limita nuestra capacidad de imaginar futuros distintos. Es verdad que, si nos anclamos en la queja sobre la instrumentalización de los agentes culturales por parte de los políticos y sobre un mercado que dicta las reglas, no saldremos adelante, pues nos deprimiremos. Entrar en una espiral de pensamiento negativo inmoviliza, es contraproducente. Identificar los problemas es necesario, pero detenerse demasiado en ellos nos lleva a perder perspectiva y ser incapaces de encontrar soluciones. Para hallar respuestas, necesitamos imaginar situaciones ideales alternativas, fantasear con qué pasaría si los problemas desapareciesen.

Eso nos recuerda a lo que Oscar Wilde afirmaba sobre el peligro de buscar tanto la realidad que perdemos la capacidad de la fantasía, necesaria para imaginar alternativas al presente. En una situación de temporalidad reducida a un presente absoluto, regido por la devoción hacia lo digital, el futuro tiembla. Es comprensible deprimirse ante semejante perspectiva. Fisher nunca dejó de indagar en una crítica cultural que rescatase los futuros perdidos, seguramente hasta el día en que decidió quitarse la vida. La rotunda afirmación de Margaret Thatcher al cerrar la famosa mina, «no hay alternativa», provocó en Fisher una impotencia reflexiva y un profundo sentimiento de que el futuro estaba cancelado. Thatcher, que no creía en la colectividad ni apoyaba a la clase obrera, pensaba que financiar las artes desde lo público era una pérdida de tiempo, una mala inversión, relegándolas a la privatización y la esfera personal. Esta veremos que es una constante entre las derechas reaccionarias que, mucho después, han ido ascendiendo al poder peligrosamente en distintos países.

Políticos de corte conservador en toda Europa se han pasado al menos las dos últimas décadas pidiendo que se aleje cualquier componente ideológico de las políticas culturales, en favor de una cultura neutral. Tal requerimiento tendría sentido si se trata de que las instituciones culturales no sufran los vaivenes de los cambios políticos cada legislatura, que practiquen una sana independencia del color político que gobierne. No obstante, pensar que es factible asegurar tal independencia es bastante ingenuo, puesto que las estructuras por las cuales se accede a trabajar en las instituciones y la programación que se integra en las mismas tienen una influencia ideológica. Querer democratizar el acceso a la cultura es ya un posicionamiento político. Algunos gestores culturales también han intentado desmarcarse de la política cuando han estado al frente de centros de arte públicos, con el objetivo de sortear los cambios de color del Gobierno de turno, afirmando no tener interés en lo político y no programar exposiciones que conlleven ningún posicionamiento. No obstante, el feminismo de segunda ola en los años setenta popularizó la frase «Lo personal es político», y es que en la vida todas las decisiones forman parte de la política.

Fisher siempre tuvo claro que el arte y la política no pueden separarse. Al menos, no por mucho tiempo. Otra cosa es que el arte se abra a todas las personas, independientemente de la ideología que tengan, y no genere en los museos guetos para especialistas o para colectivos concretos. Por eso teorizó sobre el potencial emancipador del arte en un momento en que pocos críticos culturales se atrevían a ahondar en la política. Su texto *Salir del Castillo del Vampiro* señalaba al individualismo neoliberal y apuntaba la necesidad de una solidaridad con conciencia de clase frente a un futuro político globalmente deprimente. El principal propósito del autor en dicho artículo, a saber, cómo construir la solidaridad de izquierdas y de clase, superando las incesantes divisiones identitarias propias de la cultura *online*, sigue en el aire pero podría materializarse, aunque para ello haría falta un profundo proceso de autocrítica entre las izquierdas europeas y una apertura a la convivencia con quienes piensan diferente.

Confrontar a la ciudadanía desde el ámbito cultural interesa no sólo a las elites o a ciertos políticos, sino también a los pequeños gestores que se nutren del narcisismo de la diferencia menor, generando malestar en una comunidad sobre la que se obtiene beneficio al dividirla para controlar sus actos. La interiorización de los dispositivos de vigilancia se ha consumado en el marco posideológico del realismo capitalista. Germán Cano, en su conferencia «Racionalidad neoliberal, control y burocracia», señala que la nueva burocracia descentralizada se ha extendido en todos los ámbitos, debilitando la responsabilidad política. En esta «cultura de la auditoría», predominan la opresión, la pasividad y la colaboración forzada. Por eso vemos hacer la vista gorda a políticos responsables de asegurar las buenas prácticas entre los gestores culturales a cargo de instituciones públicas. Mientras, entre la derecha corre el rumor de que las políticas de izquierdas aspiran a copar los centros de arte, por lo menos en España, asegurando que sus directivos compartan ideología y, por lo tanto, programen contenidos que adoctrinen a la población. ¿Cómo afrontan los partidos de izquierdas semejante teoría de la conspiración? Simplemente desoyéndola, volcando un mayor sesgo ideológico en la programación cultural a la que tienen acceso, y alimentando el sentimiento de desarraigo que padecen aquellos a los que se les ha repetido que la cultura es para unos pocos dotados de superioridad moral.

Demasiados intelectuales permanecen impasibles observando el proceso por el que la reconstrucción de la izquierda europea se dinamita desde dentro y contribuye al auge del extremismo, en medio de una crisis medioambiental y humanitaria que debería de unir a las personas más que dividirlas. Pero esta triste situación no tendría tanta fuerza si no se hubiera mermado el espíritu crítico, algo que contribuye a que quede difuminada la labor de quien escribe crítica de arte. Al ponerse al servicio de galerías y centros privados por una necesidad económica, el crítico pasa de redactar auténticas críticas a textos de una complacencia obscena. Notas de sala escritas a la carta, elogiando lo que el espectador va a presenciar, la carrera de los artistas que exponen, el esfuerzo de los galeristas por asistir a ferias internacionales o el de los filántropos que abren fundaciones para mostrar generosamente sus colecciones a cambio de algo de fama y, tal vez, una conveniente desgravación fiscal. Cierta prensa regurgita dichas notas a modo de reseña y acabamos por denominar crítica a aquello que no lo es, pero nos acostumbramos. Para el mercado, tener desactivada a la crítica, en este sentido, es útil, pues asegura que no va a haber investigación o reproches públicos en torno a según qué prácticas; que no se planteen alternativas puesto que nadie cuestiona la actualidad ni imagina otros escenarios posibles. Queda en manos del asociacionismo estar atentos al cumplimiento de las buenas prácticas, pero las asociaciones y sus directivas o presidencias también pueden verse influidas por intereses particulares. Esta es una opinión de lo más impopular, pronunciarse al respecto implica sufrir graves consecuencias. Cuando sí había conciencia de clase, quedó demostrado el poder del asociacionismo; lo que no esperábamos es que tuviera una capacidad de corrupción tal que nadie se atreva a alzar la voz, ni siquiera al ver claramente irregularidades y mala praxis.

Si la directiva de una asociación de críticos, artistas o de gestión cultural es gratificada con la concesión de ayudas y contratación de proyectos individuales por parte de una institución, ¿cómo va a movilizar a sus asociados en contra de esta, aunque sea en nombre del bien común? Es decir, hasta observando malas prácticas en un museo, si desde este se ha impulsado la trayectoria de quienes debieran criticarlo, a todas luces es evidente que se intentará blanquear los asuntos turbios. Nadie muerde la mano que le da de comer. Lo que pasa es que, si no estás dentro, no resulta visible quién da de comer a quién. Y si estás lo suficientemente cerca como para darte cuenta, señalarlo, alzar la voz y decir que eso está mal implica una condena automática al ostracismo.

Sólo la figura del crítico comprometido garantizaba la suficiente independencia y el rigor necesarios para ejercer la crítica sin condiciones. Mientras que antaño era una figura admirada, tal vez en exceso, ahora se trata de una especie que parece en peligro de extinción. Al que se atreve a emplear la escritura con tal responsabilidad, fundamentando sus argumentos y señalando casos concretos sobre los que cabe pararse a pensar, se lo percibe como un peligro.

¿Será que la crítica de arte en el siglo XXI está reservada únicamente para kamikazes? ¿Puede un profesional de la crítica vivir dignamente de su trabajo?

Una mañana estival de 2023, el comisario de exposiciones y crítico de arte Sasha Bogojev publicaba un comunicado en sus redes sociales advirtiendo sobre una galería de arte que había dejado a deber honorarios a artistas y otros gestores culturales. Exponiendo su caso y lamentando haber formado parte del proyecto, contaba detalles para alertar a sus seguidores y evitar posibles nuevos fraudes. Compartir información impopular, ayudar a la comunidad, generar cohesión y conciencia, ¿por qué es tan inusual encontrarse con este tipo de ejemplos en el ámbito artístico? Señalar lo que anda mal acaba perjudicando al agente cultural y por ello nos hemos acostumbrado a tapar los defectos, a mirar hacia otro lado y, por ende, a dejar que la tragedia se cierna sobre una siguiente víctima. Pero hace falta compartir las experiencias, también las negativas. Aunque nos vayan a mirar con malos ojos al principio, habrá quienes lo agradezcan, porque les evitamos caer en la misma trampa. Un atisbo de solidaridad en un entorno tan hostil y competitivo agujerea los cimientos del realismo capitalista.

Bogojev retomaba, quizá sin ser del todo consciente, algo en lo que la crítica de arte había fallado durante las últimas décadas y para lo que, sin embargo, estaba destinada desde el principio: señalar las injusticias del ámbito artístico reflexionando sobre ellas. La cultura como espacio de la vida diaria necesita guardianes y narradores. Tanto historiadores como críticos entran en juego, de la mano de la filosofía, para custodiar el papel del arte no sólo en el ámbito cultural sino incluso en el doméstico. ¿Se pueden agotar las formas de mirar un objeto? Añadamos cuantos más ojos mejor, más miradas, más experiencias e interrelaciones. La crítica lo intenta cuando vira hacia el periodismo de interacción social. Y es que, ante la puesta en duda de la utilidad de la formación humanística, es preciso agitar la cultura y el arte para que cumplan su función como herramienta de transformación social.

Un problema hasta cierto punto comprensible es el hecho de que la mayoría de los críticos sean también comisarios de exposiciones. Sin embargo, a veces se produce un conflicto de intereses. Por ejemplo, imaginemos que un crítico escribió un texto que afeaba el trabajo curatorial de un compañero y este, al cabo de un tiempo, se ve en la tesitura de redactar una crítica al proyecto expositivo que comisaría el primero. ¿Aprovechará la ocasión para una revancha? Si se trata de un auténtico profesional, no debería de influir lo personal en la valoración que vaya a realizar. Pero tampoco será la única encrucijada. Si ha tenido amistad o desavenencias con alguno de los artistas cuya obra se presente en la exposición sobre la que va a escribir, el crítico complaciente o clientelista sucumbirá a la tentación de arrojar luz o sombras en función de sus sentimientos y no de la experiencia expositiva. Sabemos que no es ético, pero también sabemos que sucede. No importa si el crimen del artista ha sido no bailarle el agua en un momento dado o, tal vez, no querer prestar su obra para un proyecto curatorial del crítico porque las condiciones le parecieran inadecuadas. Los motivos sólo los conocen los agentes culturales más próximos, pero las consecuencias afectan a todo un sistema en el que tristemente el eslabón más vapuleado y desprotegido es el artista.

¿Qué hay de los directores de museos que, habiéndose dedicado a la crítica antes de ponerse al frente de una institución, vuelven a escribir al dejar su cargo? Críticos de arte sobradamente preparados para gestionar un centro existen; no obstante, acceder a la dirección de un museo y llevar a cabo una programación es un camino de no retorno. Por eso, la mayoría de los críticos que entran a dirigir instituciones pasan de unas a otras, acumulan experiencia y currículo a fin de postularse para puestos similares, sin aspirar a retornar al papel del crítico independiente en sus periodos de desempleo. Sí los hay que escriben ensayo, publican libros o hacen alguna incursión puntual en revistas especializadas, pero no suelen volver a la prensa cultural. Teorizar sobre el estado del arte es una cosa; valorar exposiciones temporales para publicaciones periódicas, otra.

Tras haber ostentado el poder de decisión sobre quién expone y quién no, entablado infinitas relaciones con miembros del sector y tenido, como cualquiera, sus más y sus menos con diferentes agentes culturales, sería deshonesto regresar a la crítica como si nada. Aceptamos que la crítica es subjetiva, aunque se busque la verdad y la reflexión sincera; añadamos entonces a esa subjetividad el bagaje de años al frente de una institución, pública o privada, pero especialmente pública. Igualmente ocurre con los concursos para la dirección de centros, cuyos jurados suelen conocerse entre sí o a algunos de los candidatos, por lo que la objetividad y la pulcritud extremas en cuanto al cumplimiento de códigos de buenas prácticas deja mucho que desear. Este mundo es demasiado pequeño y, si nos ceñimos a la Administración pública, cuyos técnicos puede que lleven décadas en sus puestos, hemos de ser conscientes de que el anonimato o el juicio ciego son casi imposibles. Al fin y al cabo, somos humanos, pero extrañamente desarrollamos enrevesados sistemas para administrarnos como si no lo fuésemos.

La gestión cultural es peliaguda: tratar con la Administración puede llegar a ser muy frustrante, la burocracia cuesta y de ello dan buena cuenta los comisarios independientes que presentan proyectos a museos. Por otro lado, están quienes deciden desde una posición de poder, esos que acceden a la dirección de una institución limpiamente pero se ensucian las manos por el camino. No resultará difícil evocar no uno sino varios casos de este tipo muy sonados en territorio español, donde el juego de tronos lleva décadas de escándalos y ceses dentro del ámbito cultural: desde el nombramiento como ministro de Cultura de un periodista televisivo que tuvo que dimitir al cabo de una semana por haber defraudado a Hacienda, hasta el despido fulminante del director de un centro de arte adalid de las buenas prácticas por expediente disciplinario y vejaciones a sus empleados.

Aun así, los cesados por malas prácticas, que repiten mucho en prensa que son víctimas de una persecución mediática o de algún tipo de censura, continúan despertando la simpatía de otros colegas dentro de la profesión e incluso llegan a reubicarse si supieron alimentar los contactos oportunos cuando ostentaban poder. Con el respaldo de un gran museo, un buen presupuesto para repartir, una Administración pública respetable, unos políticos de tal o cual signo apoyando, las amistades fluyen y aumenta la popularidad de cualquiera al mando. Si, con suerte, no se diera ninguna injerencia política, se infiere una preservación del trabajo del director artístico con la que jamás cuenta un comisario o un crítico de arte independiente. Este último hace, desde luego, muchos más enemigos que amigos. De trabajar bien, halla más baches que caminos allanados. Pretender retomar esa independencia e incomodidad que requiere la crítica después de un periodo dirigiendo es inviable. A la crítica independiente no se regresa; a ocupar un cargo, tal vez sí.

Volver a ser parte cuando se ha sido juez y, probablemente, se tienen cuentas pendientes resultaría un tanto fariseo. La credibilidad suele quedar por los suelos. No obstante, todavía hay quien lo intenta, curiosamente los cargos que han dependido de políticos o que han sido cesados por expediente disciplinario, malversado fondos públicos, creado redes clientelares… Sí, en el mundo del arte también se consigue salir de rositas de la corrupción.

Justo esos son los que se lanzan a la caza de medios que les devuelvan la voz para arremeter contra sus detractores, victimizarse y condicionar a los lectores en función de sus intereses particulares. Así, sus textos críticos revelan rápidamente las deudas, las filias y las fobias adquiridas. La cobertura que reciben ciertos medios de comunicación está influida por subvenciones, contrataciones de publicidad y comisariados. Al revisar la trayectoria de quienes publican y lo que se publica, se puede observar cómo estos factores se alinean con los periodos en los que dichos medios tenían acceso al poder. Estos casos en concreto son los menos, pero ocurren, y en otro ámbito lo denominaríamos «puertas giratorias».

La trayectoria del crítico y comisario Agustín Pérez Rubio sería un ejemplo de reorientación profesional exitosa tras dirigir un museo, precisamente por haber sido coherente con su carrera y no haber generado redes clientelares. Al salir de la escena institucional española tras dejar la dirección del MUSAC, Museo de Arte Contemporáneo de Castilla y León (2009-2012), se centró en investigar y comisariar proyectos en Latinoamérica. Al museo había estado ligado durante una década, pues antes de dirigirlo trabajó como conservador jefe en el mismo. Más que volver a la crítica, retomó su faceta de comisario independiente. Emprendió un arduo camino en el que se puso al frente de otras instituciones, dirigiendo el MALBA, Museo de Arte Latinoamericano dc Buenos Aires en 2014, comisariando el Pabellón de Chile en la Bienal de Venecia en 2019 y el Pabellón Español en 2024.

En una entrevista para *Arteinformado* el 7 de enero de 2014, a propósito de su salida del MUSAC, Pérez Rubio declaró: «Ha sido una liberación retomar el mundo del arte desde una perspectiva curatorial sin tener que estar al frente de una institución donde cada paso afecta y donde las intenciones políticas van por un sitio y la política cultural y sus programas por otro. Al principio tienes miedo, después de tantos años, a comenzar una carrera a nivel independiente donde no sabes qué va a ocurrir, pero, afortunadamente, la gente tanto dentro como fuera de España […] ese *background* de todos esos años de trabajo te lo reconoce. Y eso, lo que ha hecho, es que enseguida me haya reconciliado con el arte, no con las estructuras del arte, y trabajar más que nunca con artistas y estar involucrado en diferentes proyectos de lo privado y lo público».

Una gestión cultural efectiva es aquella capaz de lograr los resultados deseados. Aunque hay un componente creativo en esta labor, la burocracia y la administración suelen dominar el trabajo del gestor. Esto significa que evaluar si se han alcanzado los objetivos de un proyecto puede llevar tiempo, ya que los resultados no siempre son inmediatos y no se limitan a las cifras de visitantes o a las críticas publicadas. A menudo, un buen proyecto puede pasar desapercibido hasta que se observa en retrospectiva. Esta relación entre eficacia y creatividad también se refleja en la crítica de arte, que se convierte en un acto creativo a través de la escritura. Según Zygmunt Bauman, vivimos en una era de inmediatez, donde la búsqueda de gratificación instantánea ha hecho que muchas personas pierdan la capacidad de esperar. Sin embargo, en el ámbito artístico, los procesos suelen ser intrínsecamente lentos.

Según Alain Deneault, filósofo y autor del ensayo *Mediocracia, cuando los mediocres llegan al poder*, vivimos un momento en el que se tiende a trabajar de forma automática y se huye de la reflexión[13]. Se desprecia el pensamiento crítico o cualquier reflexión a largo plazo, porque sólo se autoriza lo normativo, la reproducción, las afirmaciones mecánicas de lo evidente. Vivimos un orden en el que la media ha dejado de ser una síntesis abstracta, que nos permitía entender el estado de las cosas, y ha pasado a ser el estándar impuesto que estamos obligados a acatar. Afirma que la mediocracia nos anima de todas las maneras posibles a amodorrarnos antes que a pensar, a ver como inevitable lo que resulta inaceptable y como necesario lo terrible. Señala así a periodistas que ocultan grandes escándalos para generar visitas a sus páginas de noticias *online*, artistas que van de revolucionarios pero viven de subvenciones, y políticos que se creen neutrales. Por oportunismo o tal vez por temor a represalias estructurales, es difícil resistir la presión de la mediocridad, desde el punto de vista del autor.

---

13 A. Deneault, *Mediocracia, cuando los mediocres llegan al poder,* Madrid, Turner, 2023.

El origen de la mediocracia se remonta, según el relato elaborado por Denault, al siglo XIX, cuando los oficios se convirtieron gradualmente en empleos, estandarizándose el trabajo y convirtiendo a los profesionales en «recursos humanos» con la utilidad como objetivo primordial. De hecho, *mediocracia* es un término que se utilizaba para describir un sistema de gobierno o una sociedad en la que el poder y la toma de decisiones están en manos de personas o grupos que son considerados mediocres o no excepcionales en términos de habilidades, conocimientos o liderazgo. En otras palabras, en una mediocracia, las personas con capacidades promedio ocupan posiciones de autoridad y poder.

Este término a menudo se utiliza de manera crítica para señalar la percepción de que quienes ostentan el poder no están cualificados o no tienen la experiencia necesaria para liderar o tomar decisiones significativas. Como peones son útiles, sus acciones resultan eficaces, pero su toma de decisiones es deficiente y merma el progreso[14].

La crítica de arte no puede ni debe incurrir en una «tibieza de opinión», pero, inmersa en una sociedad de la mediocracia, corre el peligro. La falta de convicción o firmeza convierte todo en ambivalente, sin compromiso claro con una postura o argumento específico. Esto puede deberse a varias razones, como el deseo de evitar conflictos, el miedo a que una crítica contundente tenga consecuencias, la falta de información o la falta de interés en el tema en cuestión. La tibieza de opinión se refiere a la falta de firmeza o claridad al expresar una postura sobre un tema. Esto puede surgir por diversas razones, como la escasez de información o el desinterés por el asunto en cuestión. Se observa frecuentemente en debates, discusiones políticas o conversaciones cotidianas, donde las personas evitan adoptar una posición clara o se muestran indecisas frente a temas controvertidos. Aunque esta ambivalencia puede tener aspectos positivos, como la apertura a diferentes perspectivas y la disposición a cambiar de opinión con nueva información, en contextos que requieren decisiones claras o posturas firmes, suele percibirse como una debilidad o falta de compromiso.

---

[14] Es importante destacar que la percepción de lo que constituye la mediocridad puede ser subjetiva y variar según el contexto cultural y político. Lo que una persona considera mediocre, otra puede considerarlo adecuado o incluso preferible.

La sociedad actual busca gratificación instantánea en lugar de esforzarse a largo plazo, lo que nos perjudica. La tecnología, especialmente los móviles y redes sociales, nos da acceso rápido a información y entretenimiento, fomentando la idea de que la felicidad se logra comprando cosas de forma inmediata. Esto puede afectar nuestra paciencia y la capacidad para esperar resultados, lo que impacta negativamente en nuestra salud mental y en la forma en que enfrentamos problemas sociales, como, por ejemplo, el cambio climático y otras cuestiones que muchos artistas abordan en sus trabajos sin llegar a calar en el público. Para cambiar esto, es importante aprender a tomar decisiones reflexivas, a fomentar la crítica que nos saque de nuestra zona de confort.

Por último, habría que identificar el criterio para distinguir lo que es una crítica constructiva de una destructiva. La crítica destructiva es el arma más eficaz para acabar con la autoestima de una persona, independientemente de a qué se dedique, sea artista o no. Cuando somos pequeños, si se nos infunde el miedo al fracaso y al rechazo, surgen el complejo de inferioridad y la culpa, contra las cuales se sigue lidiando en la edad adulta. Con el agravante de su extensión al ámbito profesional. Aquí suele aparecer el síndrome del impostor, muy frecuente entre profesionales creativos, porque las críticas maliciosas llevan a una constante duda en torno a las propias capacidades, pese a que existan evidencias de una auténtica valía.

Poner en duda el trabajo de alguien es un movimiento muy serio, que no debe tomarse a la ligera y que sólo es posible con un propósito digno. Por ejemplo, mejorar una situación, un proyecto o una trayectoria. Existen modos de corregir nuestras imperfecciones en el trabajo, en el día a día, mucho más efectivos y amables, algunos de los cuales ni siquiera implican crítica constructiva porque no requieren entrar en el acto de criticar. No obstante, cuando nos ocupamos de escribir crítica de arte, también es posible suprimir la crítica destructiva ya que esta termina por devaluar a quien escribe tanto como a aquello sobre lo que se escribe.

Así pues, si bien la crítica destructiva está diseñada para minar los ánimos, no siempre le sale bien a quien la emite. Su impacto depende, en mucho, de cómo la recibe el receptor. Un efecto positivo de una crítica en inicio destructiva es que se genere un movimiento de apoyo, una oleada de reacciones como refuerzo a lo que se critica. Porque siempre va a haber un impulso a la contra. Quien es objeto de las críticas tiene la capacidad de interpretar y decidir qué hacer con ellas.

LA FUNCIÓN DE LAS REVISTAS DE ARTE
Y LOS SUPLEMENTOS CULTURALES

Los espacios dedicados al arte en los suplementos culturales que podemos encontrar en los periódicos están bastante acotados. A veces dependen de cambios de última hora porque una noticia importante desplaza una reseña que no requiere inmediatez en su publicación. Al mismo tiempo, hay revistas que se editan mensual, trimestral o anualmente, y otras que, al moverse exclusivamente en el entorno digital, actualizan su información a diario. Este apartado no es un directorio de revistas o suplementos culturales, no vamos a mencionarlos todos o a medirlos comparativamente. Se trata de ofrecer una visión orientativa de para qué sirven y por qué están ahí.

Normalmente, los críticos tienen libertad para sugerir a los medios con los que colaboran temas sobre los que desean escribir: exposiciones, ferias o estudios de artista que han visitado y les parecen interesantes. Los redactores del medio en cuestión también sugieren eventos concretos de los que quieren opinión. Asimismo, cada medio selecciona sus firmas, invita a colaboradores que cobran por cada crítica que escriben. No son necesariamente periodistas ni tienen por qué estar en nómina. Algunos provienen del ámbito académico, son historiadores del arte o artistas habituados a teorizar. La gran mayoría realiza otros trabajos dentro del sector cultural.

La cultura, o va unida a la crítica, como suele decir el experto brasileño en políticas culturales Teixeira Coelho, o se estanca. Sin embargo, el auge de los publirreportajes encargados y costeados por museos o centros de arte ha sido bastante dañino para la credibilidad de la crítica. Claro que es normal contratar publicidad en medios, se viene haciendo desde hace mucho. La sospecha y el conflicto surgen cuando el contenido de la publicidad encumbra exageradamente a un agente cultural, un evento o un museo con datos que aporta el interesado, como si se tratara de información averiguada y contrastada por el medio. De publicarse, hay centros que lo comparten en sus redes obviando que es publicidad, celebrando que tal periódico o tal revista haya hecho semejantes afirmaciones.

Hasta ha habido casos en los que viralizan una captura de pantalla o una fotografía del artículo suprimiendo deliberadamente la línea en la que se indica que es una información comercial de pago.

O sea, el publirreportaje es una pieza publicitaria que presenta el mensaje del anunciante desde un punto de vista editorial, en el que se pretende primar la noticia por encima de cualquier otro interés, ya sea comercial, corporativo o político. Por eso, algunos medios, en función del escrito que se les traslade con este fin, declinan la oferta. Es decir, si observan que la información no es fehaciente o que existe un interés oculto, la rechazan. Huelga decir que entonces se arriesgan a no volver a recibir contratación de publicidad por parte del centro. Y que, en muchos casos, la publicidad es el sustento para los suplementos culturales. Algunos directores de instituciones, que tienen el poder para costear los emplazamientos publicitarios, tratan de forzar a los medios para que prioricen su programación a golpe de talonario. Seguramente esto sucede desde que existen las secciones culturales, pero por supuesto que la precariedad económica ha apretado en este sentido durante épocas de crisis.

Las páginas especiales o suplementos culturales son una de las grandes aportaciones a la crítica que se dio durante el siglo XIX y alcanzaron su apogeo a lo largo del siglo XX. A medida que la industria de los medios fue creciendo y diversificándose, apareció la necesidad de cubrir una gama más amplia de temas, incluidos los específicamente relacionados con el mundo de la cultura. Cuando se incorporaron a los periódicos en forma de sección, a menudo se ubicaban en la parte posterior del diario y ofrecían reseñas de libros, críticas teatrales o noticias de arte. Conforme la cobertura se va sofisticando, cobra relevancia la crítica artística, se incluyen artículos de fondo, entrevistas con artistas y análisis de eventos expositivos.

Entre 1960 y 1970, se produjo un florecimiento de la contracultura y una mayor conexión de la expresión artística con el público general. Ese público era también lector y mostraba interés. Los periódicos y las revistas respondieron a tal demanda con el lanzamiento de textos más elaborados y especializados. Hacia 1980 y 1990 llegó la proliferación de medios alternativos, de modo que los suplementos culturales continuaron evolucionando, adaptándose a los nuevos medios de comunicación y plataformas. Hoy día, la digitalización ha desplazado bastante al papel, la lectura *online* de periódicos y revistas supera a la de medios impresos y las suscripciones digitales abaratan el acceso a la información, quizá más fragmentada y precaria que antes. Muchos medios directamente ya no imprimen, han trasladado su comunicación a las aplicaciones digitales porque la limitación de páginas es menor y pueden dar cobertura a un mayor número de propuestas culturales.

Existen numerosas revistas de arte que gozan de gran reconocimiento y son consideradas fundamentales en el ámbito cultural y artístico. Fundada en 1962, *Artforum* es una de las publicaciones de arte contemporáneo más influyentes del mundo. Ofrece críticas, análisis y debates sobre arte moderno y contemporáneo, así como entrevistas con artistas y cobertura de eventos culturales. Por su parte, *Art in America* es una anterior aunque menos conocida; fundada en 1913, cubre una amplia gama de temas, incluyendo arte contemporáneo, críticas de exposiciones, perfiles de artistas y análisis de tendencias en el mundo del arte. Mucho más accesible para personas de dentro y fuera del sector es *Flash Art,* una revista de arte contemporáneo y casa editora italiana que llegó a tener mucha influencia entre las tendencias artísticas en plenos 2000. Originalmente publicada en versión bilingüe, italiano e inglés, desde 1978 tiene dos ediciones distintas, una en italiano y otra en inglés. Su número de suscripciones bajó drásticamente en la última década, igual que el de anunciantes, y a partir de septiembre de 2020, tiene una periodicidad trimestral, sacando sólo cuatro números al año.

También está *Frieze,* fundada en 1991, con sede en el Reino Unido incluyendo arte, diseño, arquitectura y cultura general. Además de su revista impresa, organiza ferias de arte y eventos culturales mundialmente conocidos. *ArtReview,* revista británica fundada en 1949, ofrece críticas, análisis y comentarios sobre arte contemporáneo, así como perfiles de artistas y reportajes especiales sobre la escena artística global. Al otro lado del charco, *Hyperallergic,* con sede en Nueva York y fundada en 2009, es una revista digital que abarca una amplia gama de temas relacionados con el arte, la cultura y la política. Se distingue por su enfoque inclusivo y su compromiso con la diversidad y la equidad en el sector artístico.

Entre esta pequeña selección, tal vez *Artforum* despierta opiniones unánimes a nivel internacional y eso es por los autores que firman sus páginas. La crítica norteamericana Rosalind Krauss es una de las figuras más importantes de la historia del arte y la crítica actual. Ha escrito para *Artforum* desde sus comienzos y fundó junto a

Annette Michelson en 1976 la influyente publicación *October*, sobre investigación en torno a las prácticas artísticas. Para Krauss, el arte contemporáneo desafía a los cánones establecidos y la labor de la crítica es reconocer tales retos. Según Iván López Munuera, comisario de exposiciones y crítico cultural especializado en arquitectura la postura adoptada por Krauss, ya desde sus inicios como intelectual volcada en la escritura, «provocó la ruptura con el formalismo de sus predecesores, en especial con el todopoderoso Clement Greenberg, para decantarse por una lectura política del arte basada en el estructuralismo y el psicoanálisis, dando paso a la posmodernidad»[15].

Juxtapoz Art & Culture Magazine es una revista estadounidense entre las más destacables actualmente. Creada en 1994 por un grupo de artistas, críticos y coleccionistas, incluidos Robert Williams, Fausto Vitello, C. R. Stecyk III, Greg Escalante y Eric Swenson, su objetivo es ayudar a pensar y definir el arte urbano y la creación contemporánea *underground*, poniendo en diálogo distintos géneros. Centrándose en una corriente, un movimiento o una tendencia concretos, desde *Juxtapoz* se han explorado movimientos y tendencias específicas, publicando monografías y libros en colaboración con editoriales como Ginko Press. Su modelo de edición se asemeja al curatorial, organizando textos e imágenes como si fueran parte del catálogo de una exposición.

Antes hemos mencionado al comisario y crítico de arte croata Sasha Bogojev porque se atreve a señalar cuando tiene una mala experiencia o detecta irregularidades en el proceder dentro del mercado del arte. Bogojev estuvo colaborando con *Juxtapoz* en calidad de crítico y también editor, y alcanzó notoriedad gracias a su criterio para escribir. Ahora es muy conocido en el mundo del arte, quizá se trate del comisario más famoso de pintura actual y tiene esa habilidad de tomar herramientas del comisariado para la edición. Colaborador de *Juxtapoz* Latinoamérica, entre otros medios, pero con un perfil más curatorial y equiparable al de Bogojev en cuanto a maneras de proceder con los libros «comisariándolos», es el crítico y comisario español Adonay Bermúdez.

En España hay muchas publicaciones especializadas en diferentes áreas del arte y la cultura que también tienen un impacto signi-

---

[15] Consúltese [https://www.elespanol.com/el-cultural/arte/20190111/rosalind-krauss-interesa-queda-historia-arte/367714708_0.html].

ficativo en el ámbito cultural y artístico. Quizá la que tenga más renombre y sale en papel mensualmente sea Descubrir el Arte, fundada en 1999. Esta se encuentra en quioscos, tiene visibilidad y se resiste a caer en lo digital porque no parece diseñada para ello. Ideadas para comunicar en el plano digital han ido surgiendo otras que conviven con las impresas. Plataformas de pensamiento como A*Desk, fundada en Barcelona en 2002, reivindican activamente el valor del debate en torno al arte con ensayos en su web bilingüe. Es el caso también de PAC Plataforma de Arte Contemporáneo, en un tono más informal, o Arteinformado, la plataforma informativa con el archivo de arte más extenso de Iberoamérica, que recoge fichas de artistas, galerías, museos, coleccionistas, fundaciones e información de concursos. Aunque no todas las publicaciones que toman el pulso a la cultura se han volcado en lo digital, ni se dedican por entero al arte. Por ejemplo, *Revista de Occidente,* una de las más importantes de España, sigue muy activa y a la caza de los temas más actuales, tratados con gran rigor por reputados críticos que no proceden necesariamente del ámbito artístico. Fue fundada en 1923 y desde entonces ha ofrecido un espacio para el debate intelectual y la crítica cultural en relación con los ámbitos filosófico y político.

Algunas de las revistas de arte españolas más destacadas son Arte y Parte, fundada en 1988, que ofrece información sobre exposiciones, ferias de arte, eventos culturales y noticias relacionadas con el arte en España y a nivel internacional. Por otro lado tenemos a Exit, robusta publicación que fue fundada en 2001 y tuvo su versión ligera ExitExpress, funcionando además como distribuidora de libros de arte bajo el sello Cataclismo, con sede en España y actualmente una librería en México. Además, la revista Sublime, fundada en 2004, vincula el arte contemporáneo con el diseño, la arquitectura y la moda, aunque su publicación es anual. Quizá la que comparte críticas con más agilidad sea Logopress, por su fuerte presencia digital al reinventarse, habiendo nacido en 1999 como un diario de arte que opera desde Madrid y también funciona a modo de agencia de comunicación.

Una de las críticas españolas cuyas reflexiones han influido en el ámbito cultural tal como lo conocemos es Rosa Queralt, fallecida en 2018. Queralt nos deja una herencia intelectual maravillosa. Trabajó de forma exclusiva e independiente en el ámbito del arte contemporáneo, escribiendo muchos artículos y varios libros sobre arte, además de textos en catálogos y revistas especializadas como Lápiz, Cuaderno de las ideas, las artes y las letras y Arte y Parte. Participó en programas de radio y televisión, formó parte de jurados y asesoró a coleccionistas. Durante casi tres décadas fue comisaria de instituciones como la Fundación Joan Miró, el MACBA, la Fundación La Caixa, el Reina Sofía o el Círculo de Bellas Artes. En 2001 fue la primera directora de la feria de arte contemporáneo iberoamericano Foro Sur, al frente del cual se mantuvo más de diez ediciones. Queralt estuvo ligada a la Asociación Catalana de Críticos de Arte, de la cual fue miembro hasta su jubilación y secretaria de su primera junta. No ejerció cargos de dirección de instituciones, pero desempeñó un gran papel como asesora de entidades y especialmente como comisaria de exposiciones.

Otra figura presente en las revistas especializadas es Estrella de Diego, crítica de arte, historiadora y profesora universitaria a la que hemos mencionado anteriormente, autora de numerosos ensayos sobre teoría del arte. Cabe mentar a su vez a José Luis Gallero, que es, además de crítico, comisario y profesor. Ambos han colaborado con revistas como Arte y Parte, ExitExpress y El Cultural. Sin olvidarnos de Juan José Lahuerta, crítico de arte, historiador y catedrático de Historia del Arte en la Universidad Autónoma de Madrid. Asimismo, Miguel Cereceda, teórico, comisario y docente, desde 1990 colabora como crítico de arte en el suplemento cultural del diario ABC. Cereceda fue presidente del Instituto del Arte Contemporáneo (IAC), como antes lo presidiera Elena Vozmediano, crítica de arte en El Cultural. Y, por supuesto, un intelectual cuyos textos leemos en medios especializados y que ha desempeñado un papel fundamental en la interpretación y análisis del panorama artístico contemporáneo es el ya mencionado Fernando Castro Flórez, comisario y profesor universitario que escribe libros sobre arte, críticas en ABC Cultural y tiene un canal de YouTube centrado en comentar lecturas y exposiciones.

Distinguido por sus colaboraciones con El Cultural, Arte y Parte y W-Artmagazine como crítico de arte, José Luis Clemente Marco mantiene su actividad docente y curatorial junto a la escritura. Clemente Marco coincide dando clases en la Universidad Politécnica de Valencia con otro crítico cuyo perfil es bastante diferente, David Pérez. Este último también tiene una carrera como comisario, pero ha centrado su producción crítica en el formato ensayo, alejado de los suplementos culturales. Pérez es autor de numerosos libros en clave académica, una vía que se vuelve común entre los críticos que se dedican al profesorado, ya que las horas de docencia dificultan adaptarse a la inmediatez de la prensa cultural pero favorecen reflexiones lentas y menos sintetizadas. Por eso, muchos ensayos sobre el tema están dirigidos únicamente a un público especializado, mientras que los artículos en revistas y suplementos son más fáciles de leer y entender para el público general. Pero no vamos a ahondar en los suplementos culturales de periódicos porque ese sería tema para otro ensayo. Los principales periódicos españoles cuentan con críticos y colaboradores de prestigio, también algunos artistas que escriben, y hasta el momento son un referente de crítica cultural. Sin embargo, dado que cada vez se abaratan más las suscripciones para su versión digital, al mismo tiempo que la versión impresa del diario tiene menos lectores, por lo tanto menos ventas, en la última década las secciones se han acortado y las páginas han menguado. La publicidad no compensa las pérdidas en ventas, porque, además, hay poca publicidad de exposiciones, por ejemplo, mientras que el sector editorial toma el protagonismo y hallamos mayor número de críticas literarias qué artísticas. Algunos suplementos de periódicos locales han desaparecido al fusionarse con las secciones de reseñas de libros y ferias editoriales. Esto no puede calificarse como bueno o malo; es simplemente un hecho relevante. La crítica cultural abarca tanto la crítica de arte como la literaria, y este desplazamiento modifica el panorama, pero mantiene un diálogo crítico. En capítulos posteriores, mencionaremos a varios críticos literarios cuyas reflexiones ayudarán a clarificar la situación actual de la crítica.

Hay muchos otros críticos y profesionales del arte que también aportan de manera significativa a este diálogo crítico, pero no todos tienen la posibilidad de dedicarse a la escritura en exclusiva o de compaginar varios trabajos. Así, Javier Molins, crítico de arte de *El País* y de *Cambio 16,* ha pasado la última década centrado en el comisariado de exposiciones, algunas de ellas memorables, y el asesoramiento a coleccionistas como la filántropa Hortensia Herrero, quien inauguró el Centro de Arte Hortensia Herrero en Valencia a finales de 2023. Molins, que ha sido director de la Galería Marlborough de Madrid y director de Comunicación y Desarrollo del IVAM, es actualmente director artístico de dicho centro y asesor de la fundación que lo sustenta, cuya sede es un palacio del siglo XVII rehabilitado exprofeso. Varios proyectos exigen casi exclusividad, lo que afecta la escritura. Sin embargo, Molins sigue escribiendo con fluidez en catálogos y en estilo ensayístico.

Desde Santiago de Compostela y fundada en el año 2006 por los críticos y comisarios Paulo Reis y David Barro, *DARDOmagazine* es una publicación semestral centrada en la difusión y análisis de las prácticas artísticas contemporáneas, el diseño y la arquitectura. Barro ha sido editor y director de dicha revista, tareas que ha combinado con la escritura ensayística, el comisariado y la dirección de espacios culturales. En marzo de 2024 fue nombrado director de Es Baluard Museo de Arte Contemporáneo de Palma, sucediendo a la anterior directora, la también crítica de arte Imma Prieto, ahora al frente de la Fundación Antoni Tàpies de Barcelona. Los dos coinciden en la Junta Directiva de ADACE, la Asociación de Directores de Arte Contemporáneo de España. Creada en 2005, dicha asociación surge con el propósito de aglutinar a los profesionales del sector de la cultura de cara a establecer un foro de reflexión sobre los museos y centros de arte contemporáneo en España, sus funciones y objetivos, sus métodos y herramientas de trabajo. Analizan también su dependencia y autonomía en la planificación de las actividades, así como las fuentes de financiación de estas. Se adoptan medidas preventivas contra las injerencias políticas y se busca crear una voz colectiva que se exprese sobre temas de interés general relacionados con las artes y su servicio, lo cual beneficia al tejido cultural. Esta entidad y sus miembros, que se mueven entre la crítica y la gestión de museos, tienen actualmente más influencia que las asociaciones de crítica de arte o gestión cultural en la formación de la opinión pública, ya sea mediante comunicados o acciones diversas.

Del hecho de que un abanico tan amplio de perfiles publique en las secciones dedicadas a la cultura cabría deducir que se ofrecen opiniones y perspectivas muy diversas, pero lo cierto es que cuesta hallar disconformidad. Sorprendentemente, salvo contadas excepciones, no se percibe desacuerdo respecto a una exposición, un artista o un evento bien publicitado desde su lanzamiento. Algunas voces sí son especialmente críticas y se alzan si ven algo que no les parece bien, consideran una apuesta de poca calidad o intuyen un proceder poco justo en cuanto a gestión. Sin embargo, encontrar artículos de este tipo en suplementos o revistas culturales actuales es complicado, ya que esos mismos críticos solían escribir con más valentía hace unos años. El tono ha cambiado, posiblemente influido por falta de atrevimiento. En unos casos se ha sosegado, en otros se ha rebajado hasta perder su esencia. Hay quienes directamente sólo escriben de lo que les gusta –y se nota– porque así evitan el conflicto. Claro que es legítima tal decisión, pero entonces poco aportan sus textos.

Otro contexto del que surgen numerosas publicaciones y proyectos editoriales de carácter crítico es el de las ferias internacionales como ARCO, Art Basel o Frieze. En ellas, de hecho, suele haber secciones dedicadas a los libros y a los suplementos culturales. Los críticos de arte pueden desempeñar varias funciones en las ferias, como presentar ciclos de conferencias y foros, comisariar secciones especiales, en el caso de que también ejerzan el comisariado, además de aportar reflexiones teóricas. No obstante, cuando son contratados por la feria o sus patrocinadores, les resulta complicado equilibrar su trabajo en el evento con su función de críticos. Aunque su visión puede ofrecer perspectivas valiosas sobre tendencias y el impacto del mercado del arte, a menudo surgen conflictos de interés. Mantener una posición equilibrada y coherente es difícil.

Una figura destacada por su capacidad para combinar la parte crítica con el trabajo dentro del mercado del arte es Chus Martínez. Comisaria e historiadora del arte española, es conocida por la claridad de su escritura y su enfoque crítico. Ha estado al frente de instituciones internacionales y participado en numerosos proyectos que exploran temas sociales, políticos y culturales. Desde 2014 es directora del Institute of Art del FHNW Academy of Art and Design de Basilea y es colaboradora habitual de *Artforum*. La influencia de Martínez en el mundo del arte a nivel global se debe a su conocimiento profundo, que transmite de forma muy directa, así como a su habilidad para conectar con artistas y audiencias de todo el mundo. Su experiencia como comisaria, crítica y educadora le ha otorgado una posición de poder en este ámbito. Además, su participación en eventos como Art Basel ha contribuido a consolidar su influencia en la escena artística internacional.

La conexión entre la crítica de arte y ferias como la de Basilea es intrincada. Las ferias suelen ser plataformas donde artistas, galerías y coleccionistas exhiben y venden obras. Los vínculos con la crítica son dinámicos, ya que los críticos involucrados tienen perfiles muy variados. Este tema genera debates y tensiones relacionadas con el poder, la comercialización y la legitimidad en el arte contemporáneo, de manera similar a lo que sucede con las revistas culturales, en función de la publicidad que contengan y el alcance de lo que el crítico escriba en ellas.

AQUELLO QUE EL CRÍTICO PUEDE APORTAR

¿Tiene el crítico la obligación de ser fiel al mensaje que el artista quiere transmitir con su obra? ¿Puede permitirse una interpretación libre del trabajo artístico? Tanto el bagaje intelectual e incluso vital como la postura ideológica de quien escribe forman parte del filtro con el que observan y se digieren las obras antes de aventurarse a escribir. Así que es evidente que algún tipo de sesgo se da en la crítica, porque son muchos los factores que influyen en el estilo de la escritura, la perspectiva y los temas en que se centra. Es una acción deliberada, una elección personal. Desde su experiencia, es posible que el crítico aporte a la sociedad herramientas que combatan el pensamiento único o que lo fomenten; dependiendo de quién sea, tendrá unos intereses u otros.

Si una cuestión queda clara en cuanto a la figura de la persona que escribe crítica de arte, es que se posiciona, que su valoración es subjetiva. Para el periodismo, la regla de no involucrarse en la historia que se está contando es sagrada. La objetividad se aprecia porque mantiene cierta integridad y aporta una visión auténtica; por eso resulta tan complejo el periodismo cultural, donde a menudo coinciden comisarios, galeristas e incluso políticos. La auténtica crítica conlleva un posicionamiento de por sí, pero eso no evita que se conviva con otros agentes culturales de cualquier signo.

¿Cómo escribir sobre la exposición de un artista con quien se ha tenido relación comercial? ¿Es posible mantener una distancia ética con los agentes culturales cuyo trabajo vas a valorar? Muchos críticos de arte y periodistas culturales ejercen también la curaduría o el comisariado de exposiciones. Obviamente no escriben ellos mismos la crítica a su proyecto, pero sí lo hacen compañeros cercanos con el cuidado que requiere la profesionalidad. Ahora bien, algunos críticos sienten que se produce un conflicto de intereses a la hora de compaginar funciones dentro del sector cultural. Está en su mano declinar la propuesta de escritura dado el caso, y suele suceder que se expone al medio o a la editorial la situación con tal de que no salga perjudicada ninguna de las partes. Al menos ese sería el procedimiento que entenderíamos como dentro de las buenas prácticas. Es decir, que si alguien ha de escribir sobre la obra de un artista con quien percibe que pueda haber demasiados condicionantes debidos a vínculos personales, lo normal es que lo evite. Jugar ambas cartas es posible pero extremadamente complejo. Para ciertos agentes culturales resulta impensable que la misma persona que ha dirigido un museo o una galería, por ejemplo, se ponga a escribir crítica sobre exposiciones de artistas con los que ha trabajado anteriormente. Por eso se suele cuestionar la vuelta a la crítica de quien dirigió instituciones, ya que parece un camino de no retorno. Demasiadas presiones, experiencias intensas en las que influyen presupuestos, filias y fobias, dejan una marca en el pasado del crítico devenido director. Ya hemos incidido en ello. Pero, claro, es muy goloso, con toda esa información acumulada, volver a escribir y quizá castigar a quienes no apoyaron suficientemente la dirección de aquel centro, boicotear a los comisarios que no cedieron ante ciertas exigencias, o a los artistas que se negaron a trabajar en unas condiciones aparentemente dignas e internamente indecentes. La crítica también se usa así y es lamentable.

La trastienda del arte esconde intercambios de favores, deudas, grupos de poder que, sin llegar a considerarse un *lobby,* trabajan entre ellos todo el tiempo o se apoyan coordinando proyectos en común. En esos grupos hay comisarios, pero también críticos y artistas. Es recurrente, incluso tratándose de instituciones públicas, ver a un comisario que se convierte en director y la mayoría de sus proyectos giran en torno a la obra de artistas de su entorno cercano, mientras las mejores críticas sobre su gestión las escriben críticos o periodistas culturales del mismo círculo. Un hecho sobre el cual se hace la vista gorda de forma constante y que, sin embargo, afecta al estado de la crítica de arte en gran medida. Porque, así las cosas, ¿qué es lo que aporta la crítica? Poco, cuando no trasciende las triquiñuelas del conflicto de intereses. Necesitamos que esos casos sean los menos.

El conflicto de intereses en el periodismo cultural puede surgir debido a una serie de situaciones en las que los periodistas se enfrentan a dilemas éticos o compromisos que podrían influir en su imparcialidad, objetividad o integridad profesional. La mezcla de relaciones personales y profesionales es inevitable en un ámbito relativamente pequeño, en el cual se conocen casi todos, aunque sea de oídas. Los periodistas culturales pueden tener relaciones personales o profesionales cercanas con artistas, galeristas, comisarios o directores de instituciones culturales. De hecho, para muchos es totalmente comprensible que, de manera natural, se tienda a trabajar sólo rodeado de profesionales afines, conocidos y de confianza. La libertad de relacionarse es igual que la de expresión. No obstante, esto podría influir en la capacidad para informar de manera objetiva sobre el trabajo de estas personas o instituciones. Porque la opinión es subjetiva pero se forma sobre la base de datos objetivos. Si se siente una alineación intensa con los valores de un agente cultural y se cree firmemente que los está ejecutando de la mejor manera, lo lógico es que se defienda a muerte su trabajo. Pero, a veces, los vínculos estrechos disfrazados de afinidad tienen sus cimientos en un intercambio de favores que atiende a algo más poderoso que la simpatía: el flujo de dinero.

Como no podría ser de otra manera, hemos de hablar de apoyo financiero y publicidad. Las revistas y los programas culturales pueden depender en gran medida de los ingresos publicitarios o de las subvenciones recibidas por ciertas instituciones, galerías o eventos culturales. Esto genera presiones para promover o presentar de manera favorable a directores, comisarios, artistas, obras y actos a los que se da una cobertura propagandística. Así, no es inusual que en la nota de prensa de un museo se diga que una muestra es «la exposición del año», que un artista participante es «la gran revelación» o que la directiva del centro tiene «la fórmula del éxito», porque repetir mucho tales consignas hará que algún medio cuya subsistencia pende del hilo de la publicidad, populizará la idea. Una vez se difunda en redes, será imparable, muchos usuarios compartirán el titular, otros tantos lectores se quedarán en esa frase sin acceder al artículo completo, y la opinión pública se hará eco.

En una ocasión, un museo lanzó toda una campaña sobre un proyecto expositivo que se erigía como el mejor del año, el mejor valorado, la cita imprescindible para los amantes de la cultura. Lo ponía tal cual en su nota de prensa enviada a medios, en las redes sociales del centro, por todas partes. Gran cantidad de medios regurgitaron esa nota y, por lo tanto, elevaron el mensaje a la categoría de veraz, sin ninguna comprobación. La díscola crítica que escribe estas líneas se atrevió a llevar la contraria, no por deporte, sólo por haber visitado el centro y comprobado que la muestra no era para tanto. Aquello produjo una reacción en cadena: el equipo de comunicación se puso en contacto con el medio, trasladando la indignación del director del museo, quien sospechaba que la autora tendría algún oscuro interés personal para llevar la contraria. «¡Es la única que no valora la exposición positivamente!», ese fue el argumento para invalidar su juicio. ¿Cómo era posible, tras haber invertido tantísimo en publicidad, realizado una campaña mediática tan persuasiva, dejado todos los cabos atados?

Si alguien se sale del guion, no puede ser porque haya visto lo que otros no han visto, porque haya hecho acopio de pruebas y argumentos para refutar la corriente principal. Escapar a lo *mainstream* no estaba ni contemplado. Se pidió la retirada del artículo en la versión digital del medio, presuponiendo que lo digital es lo más visible al tiempo que lo más voluble, pero hubo libertad de prensa y no se cambió ni una coma. A partir de entonces, se rebajó la inversión de publicidad en el medio y se dejó de enviar invitación para las inauguraciones a sus colaboradores. Hasta que el director de aquel museo agotó su mandato, mantuvo a raya las críticas poco complacientes.

Estamos viendo que los críticos de arte y los periodistas culturales se enfrentan a conflictos de intereses tanto de prestigio como financieros, ya que, a veces, ellos o los medios para los que escriben tienen vínculos económicos con las personas o instituciones cuyos proyectos cubren. A la vez, disfrutan de un acceso privilegiado a la información y son conocedores de los asuntos turbios que estamos haciendo aflorar a la superficie. De manera que resulta tentador ceder a las presiones, pues no siempre son violentas, sino que suelen ir acompañadas de beneficios, promesas de proyectos, inclusión en jurados de los que dependen grandes decisiones… Los periodistas culturales y críticos de arte se ven tentados a ofrecer una cobertura favorable a cambio de acceso privilegiado a eventos, exposiciones o artistas, lo que podría sesgar su narrativa y, por supuesto, condicionar su juicio.

A la vez, los editores y jefes de medios pueden, por las mismas razones, ejercer presión a fin de fomentar el enfoque en unos temas y no en otros, para crear cortinas de humo y promover ciertas agendas, en contra de la deseada imparcialidad periodística. Para mitigar estos conflictos de intereses se trata de implementar prácticas éticas. Por ejemplo, mantener una separación clara entre el contenido editorial y la publicidad se viene haciendo en los últimos años. Vemos que una noticia prácticamente escrita por el equipo de comunicación de un centro, alabando su programación y sus gestores, lleva arriba un mensaje que anuncia que es contenido publicitario. Eso da credibilidad al medio, pero no evita que la institución recorte en una imagen esa parte y difunda el titular en redes como si tal medio hubiera realizado las halagadoras afirmaciones voluntariamente, producto de una investigación y valoración positiva fundamentada.

El crítico de arte ha de ser una figura incómoda, que busca la mejora constante del ámbito artístico y no se muestra complaciente con los museos, que se resiste a ceder ante los privilegios que pueden otorgarle algunas instituciones a cambio de un balance positivo, y se mantiene fiel a sus valores. Esa figura, si logra resistir por el camino, será repudiada por muchos, pero realizará un aporte significativo a la sociedad. En el fondo, muchas personas al frente de museos y centros de arte repelen la crítica. La necesitan pero no les gusta. Aunque que se hayan dedicado a ella con anterioridad, cuando dirigen quieren reseñas que estén a la altura de sus expectativas y tal vez, como decíamos, de la publicidad contratada en el medio. La posibilidad de que un medio contenga publicidad mientras que en él se publique una crítica que no elogie de manera sistemática el proyecto publicitado es un indicativo de que dicho medio conserva su independencia y rigor. Esto también sucede.

La transparencia y la ética periodística son fundamentales para mantener la confianza del público y preservar la integridad del periodismo cultural. Por lo tanto, son necesarias múltiples fuentes y perspectivas para garantizar una cobertura equilibrada. El estado del periodismo cultural español no es tan desastroso como se nos quiere hacer creer para desacreditar a los medios. Dinamitar la confianza y sembrar teorías conspiranoicas sólo atiende a intereses, de nuevo económicos, por parte de fuerzas que necesitan dominar la opinión pública.

Asimismo, de entre los aspectos positivos que potencialmente aportaría la crítica ahora mismo, destaca establecer el vínculo entre el capitalismo neoliberal y la falta de conciencia de clase. Las condiciones políticas de subordinación a las que está sometida la crítica cultural provocan una falta de motivación, generada por la precarización laboral y la necesidad de estar en todas partes a la vez. Chus Martínez apunta que hay una crisis de motivación generalizada. Durante una charla con la coleccionista Lorena Pérez-Jácome en el programa «Arte en Diálogo» de la plataforma Arteinformado, Martínez afirmó que en estos momentos «en Europa estamos viviendo un declive del entusiasmo por las instituciones. Las instituciones tienen menos dinero, pero no se trata solamente del dinero sino también de que las instituciones no se han parado a pensar sobre sí mismas»[16]. Faltaría, por lo tanto, realizar una reflexión sobre el presente, quizá frenando el ansia de futuro y la nostalgia por un pasado que se recuerda idealizado.

De Derrida a Fisher nos encontramos con la idea de estar fuera de tiempo, fuera de quicio, fascinados por lo retro y al mismo tiempo con la sensación de un futuro fantasmagórico por delante. Esto lleva a la crítica a hablar constantemente de artistas emergentes, jóvenes promesas y tendencias artísticas con futuro. ¿Qué futuro, si apenas pueden sostenerse en el presente?

Si ha habido un teórico que haya puesto en evidencia que la política de izquierdas ha sido incapaz de tener relación con la cultura radical o con la cultura transformadora de tipo popular, la que todavía reclama cierta conciencia de clase, fue Mark Fisher. El antagonismo entre la política de izquierdas y las formas transformadoras de lo cultural es algo que antes abordó el teórico cultural y sociólogo jamaicano, afincado en Inglaterra, Stuart Hall, a quien Fisher recurre con insistencia[17].

Gran parte del periodismo que se dice de izquierdas en nuestro país hace tiempo que opta por un moralismo fariseo: aparentar indignación máxima y no preocuparse demasiado por la verdad, una táctica invencible para la creación de una militancia acrítica. El cortoplacismo de la superioridad moral y la cancelación sumen a artistas y críticos en un temor a la libertad de expresión impropio de un ambiente progresista y más asociado a las políticas de dere-

---

[16] Consúltese [https://www.youtube.com/@ArteenDialogo].

[17] S. Hall, «El gran espectáculo hacia ninguna parte», en M. Jacques (ed.), *¿Tercera vía o neoliberalismo?*, Barcelona, Icaria, 2000.

chas, que, por contraposición, reclaman las libertades que la izquierda censura.

Unos y otros han olvidado que la globalización no es una fuerza de la naturaleza irresistible e incontrolable, es un proceso de reconfiguración de las relaciones de poder entre las diversas regiones del planeta impulsado por personas y corporaciones. Ciertamente, no se votó en ningún sitio si queríamos o no que sucediese. De hecho, los 2000 desataron numerosos movimientos antiglobalización, desde el ámbito académico hasta diferentes tipos de activismo.

Paradójicamente, algunos de los elementos constitutivos de las democracias actuales incuban sus principales amenazas; el populismo, el ultraliberalismo o el mesianismo político, «los enemigos íntimos de la democracia», como los llama Todorov[18], plantean problemas en torno al tema de la identidad y la cultura. El autor rechaza todo maniqueísmo y abraza la moderación política en busca de un equilibrio que permita la convivencia sin perder la individualidad. Ese es, a su juicio, el desafío de los humanistas contemporáneos: tener en cuenta a los otros manteniendo la propia esencial, que no imponiéndola, huyendo del moralismo. Para Todorov, un acto sólo es moral si los beneficiarios del mismo son los otros pero nos lo exigimos a nosotros también. Sostiene que dar lecciones de moral nunca ha sido un gesto virtuoso, porque es imposible entender el mal que llevan a cabo los otros si nos negamos a preguntarnos si seríamos capaces de hacer lo mismo[19].

Uno de los últimos libros que escribió, titulado *¡El arte o la vida!*, reflexiona en torno a las razones por las cuales una pieza artística despierta sentimientos de belleza o de desagrado, llega a promover actos éticos y a abrir camino al conocimiento. Para ello analiza la obra de Rembrandt y concluye que fue la perfección estética, y no la excelencia ética, el motor de su existencia, dejando claro que los artistas no tienen la obligación moral de aportar valores sociales o llevar a cabo activismo de ningún tipo, aunque están expuestos a que sus acciones se interpreten como activismo. A partir de sus creaciones, son los críticos quienes deben indagar en los

---

[18] T. Todorov, *Los enemigos íntimos de la democracia*, Barcelona, Galaxia Gutenberg, 2012.
[19] Véase T. Todorov, *Memoria del mal, tentación del bien,* Barcelona, Galaxia Gutenberg, 2023.

propósitos y las posibles lecturas de las obras, incluso de las trayectorias vitales, unas veces inseparables del trabajo y otras razonablemente independientes[20].

El realismo capitalista del que hablaba Fisher plantea que la disolución de la Unión Soviética en 1991 solidificó el capitalismo como único sistema eficaz a nivel político y económico, suprimiendo la cuestión de su eliminación de cualquier consideración política. Mientras que los movimiento antiglobalización fracasaban, las maniobras políticas se volcaron en operar exclusivamente dentro de los confines del sistema capitalista. En el marco del realismo capitalista, los principales movimientos anticapitalistas pasaron de promover sistemas alternativos a buscar la manera de mitigar los peores efectos del capitalismo, dando por hecho que este es inevitable[21]. Ya que se claudica ante el mercado, ahí es cuando nos dirigimos hacia la aparentemente irreversible precarización del trabajador, incluido el trabajador de la cultura.

La precariedad puede que limite aquello que el crítico cultural se atreva a enunciar, pero no lo silencia por completo. Todavía le queda mucho que aportar, si se atiene al principio kantiano de que un ser humano es un fin en sí mismo y no puede ser tratado como un medio. La crítica de arte tiene la oportunidad de convertirse en una ética informada como espacio de resistencia al realismo capitalista, procurando trabajar sin el mercado como condicionante. ¿Cómo lograrlo? Desprendiéndose de la creencia de que hay que contentar a los demás con lo que se escribe y asumiendo que las musas no existen. Escribir crítica de arte implica observación, análisis, técnica y trabajo duro para poner en orden los conocimientos, mientras se contrasta la información y se aporta un valor añadido.

La escritura crítica también funciona a contrarreloj, cuesta cerrar un tema, un capítulo o un asunto del que se está escribiendo. También hay artistas que sólo acaban su obra conforme se acerca la fecha límite de entrega. En ambas profesiones predomina una sensación constante de tener que producir, pero este es un problema a nivel de sociedad. Parece necesario estar todo el tiempo demostrando que se es productivo, otro engaño neoliberal. Y ser pro-

---

[20] T. Todorov, *¡El arte o la vida! El caso Rembrandt,* Barcelona, Edhasa, 2016.

[21] M. Fisher, *Realismo capitalista. ¿No hay alternativa?,* Buenos Aires, Caja Negra, 2016.

ductivo no es la *crème de la crème*... Por otra parte, aunque suene contradictorio, se puede ser productivo en reposo. El cerebro nunca para si queda un tema pendiente por abordar; muchas veces se trabaja en segundo plano sobre una cuestión, se rumia, hasta pasar a la acción y comenzar a escribir. Para que una crítica aporte realmente, ha de surgir de una reflexión muy meditada, pausada, ajena a las lógicas de producción descritas.

En *El devenir de la crítica,* el filósofo, crítico de arte y pintor italiano Gillo Dorfles, quien calificó al posmodernismo como «movimiento reaccionario», escribió:

> Uno de los peores errores del crítico militante es imaginarse que ha esclarecido y sistematizado una situación histórico-estética a través de la aplicación de un bello recetario, tomado en préstamo a cualquier otra disciplina (literaria, científica, psicológica, etc.) y transferido más o menos hábilmente al ámbito del arte. En realidad, el mérito del crítico (si puede hablarse de mérito, dada la escasa influencia que ejerce sobre la actividad creativa verdadera) es, quizá, sólo el de saber advertir las relaciones intercurrentes entre la creatividad artística y la actividad social, entre realizaciones de obras, hoy definidas como arte, y presencia de valores constitutivos de la cultura de un pueblo, de una nación; y saber percibir aquellos elementos no sólo vinculados a la moda efímera o a la hábil manipulación mercantil, sino verdaderos indicadores de una situación existencial que constituya la base misma de la actividad pensante del hombre dentro de la particular estructura de la época.

Firmaba tales palabras en Milán, el 1 de marzo de 1975[22].

A propósito de este horizonte, Dorfles se preguntaba cuál es la función del crítico: «Resulta bastante sintomático que la figura del crítico de arte se haya afirmado en el periodo posbarroco, mientras antiguamente se identificaba en la mayoría de los casos con la del artista o con la del historiador y filósofo. Es una condición análoga a aquella que culminó con la instauración de una disciplina moderna, llamada estética. (Sólo a partir de 1750, año de la publicación de la *Aesthetica,* de Baumgarten, como es sabido.) ¿Por qué antiguamente la estética era competencia del artista mismo o del filó-

---

22 G. Dorfles, *El devenir de la crítica,* Madrid, Espasa-Calpe, 1979, p. 19.

sofo y del historiador, y por qué, en un determinado momento de la evolución del pensamiento humano, se advirtió la necesidad o la oportunidad de crear una disciplina válida por sí misma que analizara el significado del arte?»[23]. Y añadía que «la crítica ha sido un fenómeno paralelo a la involución de una creatividad artística basada en motivaciones religiosas, sacras, iniciáticas, como sucedía en la precedente época barroca. Con la separación del arte de la religión, del mito, del rito, se ha vuelto más necesaria su vinculación a algo que afirmara y confirmara el valor, precisamente a través de especulaciones de carácter estético y crítico»[24].

El crítico se autorretrata en lo que escribe, ya sea por el estilo que va cultivando como por lo que dice y lo de que de ello se deduce. «Alcanzar un estilo literario personal es una meta irrenunciable para un historiador y, por lo tanto, para un historiador del arte. […] La forma de escribir configura un perfecto autorretrato»[25]. La naturaleza de los asuntos a tratar implica lo crítico, lo ideológico, lo filosófico y lo semiótico. El crítico es un escritor que, como individuo, nos cuenta cosas sin competir contra nadie más que consigo mismo. Podemos reconocer en el ritmo interno de su prosa cuánto le interesa lo que transmite y hasta identificar rasgos de su personalidad.

Si ser artista supone un desacomodo interior constante, la crítica no puede contribuir a acrecentar la competitividad y la inseguridad. Para el artista tiene que ser una necesidad vital crear obra y para el crítico, escribir. No es obligatorio volcarse en las artes y las humanidades con fines profesionales, lo que prima es que la pulsión por ello sea una necesidad.

Estamos en un momento muy delicado, se está poniendo en tela de juicio la utilidad de todas las humanidades, y las artes van muy ligadas a ellas. Si pensamos que no sirve de nada aprender filosofía, conocer cómo funcionaban las sociedades antiguas, si relativizamos todo, iremos hacia el pensamiento único. Y seremos mucho más manipulables. En el mundo de la crítica de arte en España, hay mucho crítico que aprovecha su papel para tratar de marcar una estructura piramidal. Pero es que ostentar poder, alcanzar cierta

[23] *Ibid.*, p. 25.
[24] *Ibid.*
[25] J. A. Ramírez, *Cómo escribir sobre arte y arquitectura,* Barcelona, Serbal, 2009, p. 57.

capacidad para manipular los deseos y las acciones de los demás, resulta muy tentador dentro de un sistema capitalista que anima a escalar socialmente trepando por encima del resto. En el libro *Aporta o aparta. Elimina de tu vida todo lo que no te deja avanzar*, su autora, la psicóloga Nika Vázquez, promueve la idea hedonista de que cualquier cosa que nos incomode debe ser apartada de nuestro camino porque el objetivo último es ser feliz[26].

¿Y si necesitamos conocer aquello que no nos satisface, que nos duele, que nos produce rechazo? Ver las noticias y saber de los horrores de la guerra no nos hará felices, pero no podemos permanecer indiferentes, evadirnos, adormecer nuestra conciencia crítica. Asimismo, claro que resulta más reconfortante leer solamente textos de exposiciones con temática amable, que no tratan conflictos de ningún tipo, que sólo alaban de manera superficial obras muy estéticas. Insistimos en que quedarnos ahí nos amuerma como individuos y nos adapta a un modelo social con el que quizá no estemos tan de acuerdo, que tal vez no nos beneficia en absoluto ni vela por el bienestar común.

Desde un punto de vista académico, la crítica de arte puede considerarse como el área de conocimiento que estudia y valora las diferentes manifestaciones creativas que la humanidad ha realizado a través de su historia, tratando de arrojar luz sobre lo que el arte supone para la sociedad y cómo refleja las preocupaciones de la ciudadanía. En este sentido, el primer crítico de arte plenamente reconocido fue Diderot, una figura decisiva de la Ilustración como escritor, filósofo y enciclopedista. Actualmente, el crítico de arte más popular es el estadounidense Jerry Saltz, quien recibió el Premio Pulitzer de Crítica en 2018, para el que ya había sido nominado en 2001 y 2006.

Su estilo de escritura provocativo, inteligente y divertido lo ha encumbrado a una posición de liderazgo, a la vez que se identifica como una especie de antisistema con una franqueza inusual. Ha publicado ensayos y artículos muy relevantes, pero llama la atención, además, por el uso que hace de las redes sociales para aproximar al público general los procesos artísticos, la actividad museística internacional y también para motivar a los artistas.

---

[26] N. Vázquez, *Aporta o aparta. Elimina de tu vida todo lo que no te deja avanzar,* Madrid, Aguilar, 2017.

Por ejemplo, el 8 de febrero de 2024 publicaba en X, antes Twitter, el siguiente mensaje, que traducimos del inglés: «Artistas: quiero que su trabajo brinde a otros una sensación de posibilidad, poder y accesibilidad que encienda nuevas conciencias, una conciencia que les diga a los demás: creen su propia voz; sean el artista que quieran ser; tened fe; sed sinceros».

Saltz pide al mundo valorar el esfuerzo de los artistas y mantener un espíritu crítico que nos ayude a imaginar caminos alternativos[27]. ¿Qué es lo que el crítico puede aportar? Esas alternativas que el realismo capitalista parecía negarnos. No nos engañemos, el panorama es oscuro. Sin embargo, cabe resistirse como sociedad frente a un mercado que produce cada día más producto de consumo rápido e incita a las nuevas generaciones a seguir ese ritmo. La crítica de arte puede servir para otorgar a los lectores herramientas de análisis en torno a la falacia del consumo cultural. Si el público potencial de una exposición sabe cómo se ha gestado, cuáles son los valores que están detrás de ella y quiénes son sus principales actores, será capaz de identificar lo que se le está queriendo transmitir, por qué y para qué. Es decir, dispondrá de elementos de juicio para formarse una opinión fundamentada.

Tan popular como polémico es el caso del crítico australiano Robert Hughes, cuya escritura puede considerarse mordaz. Se instaló en Nueva York en 1970 y desde entonces ejerció de crítico de arte en la revista *Time*. Su postura fue, sin embargo, menos optimista que la de Saltz. Provocador y mordaz, en una ocasión calificó el trabajo del pintor Francis Bacon como «papel para matar moscas». *The New York Times* se refirió a él como el crítico más famoso y sin duda hoy sus demoledoras afirmaciones hubieran sido virales. Del arte posmoderno opinaba que es un «vómito de los 80» y seguramente hubiera afilado su pluma de llegar a conocer el actual arte digital y los NFT.

Una postura mucho más moderada, aunque no exenta de polémica, la encontramos en Europa. Entre los críticos del momento destaca el francés Nicolas Bourriaud, que dirigió junto con Jerôme Sans el Palais de Tokyo de París entre 2002 y 2005. Fundador de la revista *Documents sur l'art* (1992-1997), sus ensayos hablan de

---

[27] J. Saltz, *Art is Life: icons & iconoclasts, visionaries & vigilantes, & flashes of hope in the night,* Sussex, Ilex Press, 2022.

estética más allá del antropocentrismo y señalando las problemáticas que genera el capitalismo a nivel general y, en particular, en el ámbito del arte. En su libro *Estética relacional*, publicado en 1998, describe el arte relacional como «un conjunto de prácticas artísticas que toman como su punto de partida las interacciones humanas y su contexto social, más que la producción de un objeto estético o de una forma material». Subyace una preocupación por el mercantilismo del arte y la deriva neoliberal que queda patente en la evolución de su escritura.

Así, en su ensayo *Inclusiones. Estética del capitaloceno,* publicado en 2020, explica: «La evolución de las mentalidades que engloba el término *antropoceno* (aparecido en 2011, recordemos) compete a la posición del artista en el mundo, cuando se desdibujan los encuentros cara a cara entre el ser humano y su entorno, cuando un vínculo puramente instrumental con la naturaleza deja su lugar, en la angustia, al regreso de un sentimiento de inmersión en el interior de una esfera efímera»[28]. Si el antropoceno llega a su fin es debido a que «este programa de control encuentra sus límites entre dos infinitos de lo minúsculo y de la inmensidad, de lo viral y de lo global»[29].

Pasamos del antropoceno al capitaloceno. El término *antropoceno* se creó para designar las repercusiones que tienen en el clima y la biodiversidad tanto la rápida acumulación de gases de efecto de invernadero como los daños irreversibles ocasionados por el consumo excesivo de recursos naturales por parte de los seres humanos. Ahora se considera que la potencia destructiva no proviene de la actividad humana en abstracto, sino de su organización capitalista. Por eso se llama capitaloceno a la época en que vivimos, y el concepto está presente en el ámbito artístico gracias a la crítica.

Quizá estemos ante un cambio de paradigma en cuanto a resignificar espacios culturales y tal vez la crítica de arte tenga mucho que aportar en ello. El espacio público ha cambiado para siempre a partir de la pandemia y, por lo tanto, las maneras de interactuar en él. Esto afecta a las intervenciones artísticas, el sentido y los modos de llevarlas a cabo en dicho espacio. La clave, para algunos

---

[28] N. Bourriaud, *Inclusiones. Estética del capitaloceno,* Buenos Aires, Adriana Hidalgo, 2020, p. 139.
[29] *Ibid.*

críticos y gestores culturales, está en deslocalizar la actividad cultural; que el museo vaya a las casas (posibilidad favorecida por el desarrollo actual tecnológico, las visitas virtuales enriquecidas, el teletrabajo…) y su actividad en exteriores sea una prolongación del compromiso con el medioambiente y la crisis sanitaria, atendiendo dinámicas que marcan las medidas preventivas porque nada será igual después de lo vivido durante la pandemia por covid.

En una nota al pie de página en *El artista como etnógrafo,* Hal Foster opina que los 60 fueron la década del teórico, los 80 la del marchante y los 90 pueden considerarse la del conservador itinerante que reúne a artistas nómadas en sitios diferentes. Con el hundimiento que sufrió el mercado en 1987 y las controversias políticas que siguieron en Estados Unidos, el apoyo al arte contemporáneo entró en un periodo de declive. La financiación fue reorientada hacia instituciones regionales, que, sin embargo, solían importar artistas metropolitanos, lo mismo que hicieron las instituciones europeas allí donde la financiación siguió relativamente alta.

Entonces, el giro etnográfico en el arte contemporáneo, según Foster, es impulsado cuando la institución del arte deja de describirse únicamente en términos espaciales como el museo, el estudio o la galería; cuando el observador ya no puede ser delimitado únicamente en términos fenomenológicos. Esto, actualizado, indicaría que el giro se produce hacia los espacios abiertos e incluso virtuales. Lo veremos. Porque tomar el testigo de Foster supone asumir que el giro etnográfico consiste en abandonar las definiciones *a priori* y observar qué hacen los que dicen hacer arte.

Estamos en el futuro que hace décadas ellos señalaban. Ante semejante panorama, insistimos en que deberíamos tomar conciencia de que existen alternativas a los modos de hacer conocidos, caminos que difieren del sendero tantas veces transitado.

En *Diseño y delito* (2002), Foster insinúa de nuevo que los estudios culturales han investigado textos e imágenes desafiando las jerarquías de cuando se manejaban los términos alta y baja cultura. «Este desafío a los cánones elitistas ha reportado grandes ganancias. Pero el deslizamiento de la historia del arte y la historia de las imágenes, como proponen varios abogados de los estudios visuales, podría tener algunos costes. En términos generales, los estudios visuales podrían precipitarse en el desprecio de la autonomía estética como retrógrada y en la adhesión a las formas subculturales como subversivas. Su modelo […] podría ser alentado a moverse horizontalmente de sujeto en sujeto a través del espacio social, más que verticalmente siguiendo las líneas históricas de una forma, género o problemática particular»[30]. Advierte, a continuación, que, de ese modo, los estudios visuales podrían privilegiar excesivamente el presente y, «por lo tanto, apoyar la actitud poshistórica que se ha convertido en la postura por defecto de tanta práctica artística, crítica y de conservación»[31].

¿CRÍTICA DE ARTE CON PERSPECTIVA DE GÉNERO Y DECOLONIAL?

La pregunta sobre una crítica pensada y escrita desde la perspectiva de género no puede aclararse sin entrar en el debate en torno a la teoría del punto de vista. Cuando hablamos de perspectiva de género, apuntamos hacia una herramienta conceptual que busca mostrar que las diferencias entre mujeres y hombres se dan no únicamente por su determinación biológica, sino también por las diferencias culturales asignadas a los seres humanos. Así, los mandatos sobre la igualdad de género toman como base la Carta de las Naciones Unidas, la cual reafirmó la igualdad de derechos de mujeres y hombres en un documento de 1997. Esto fue acordado por la ONU tras la Cuarta Conferencia Mundial sobre la Mujer celebrada en 1995, donde se defendió la incorporación de una perspectiva de género como un enfoque fundamental y estratégico para alcanzar los compromisos en igualdad de género. La Declaración y la Plataforma de Acción de Pekín resultantes instaban a todas las partes interesadas relacionadas con políticas y programas de desarrollo, incluidas organizaciones de las Naciones Unidas, Estados miembros y sociedad civil, a tomar medidas en este sentido.

Se concluye, por lo tanto, en 1997, la incorporación de una perspectiva de género como:

> El proceso de evaluación de las consecuencias para las mujeres y los hombres de cualquier actividad planificada, inclusive las le-

---

[30] H. Foster, *Diseño y delito*, Madrid, Akal, 2002, p. 91.
[31] *Ibid.*

yes, políticas o programas, en todos los sectores y a todos los niveles. Es una estrategia destinada a hacer que las preocupaciones y experiencias de las mujeres, así como de los hombres, sean un elemento integrante de la elaboración, la aplicación, la supervisión y la evaluación de las políticas y los programas en todas las esferas políticas, económicas y sociales, a fin de que las mujeres y los hombres se beneficien por igual y se impida que se perpetúe la desigualdad. El objetivo final es lograr la igualdad [sustantiva] entre los géneros[32].

Según esto, la igualdad de género es un objetivo de desarrollo general y a largo plazo, mientras que la incorporación de una perspectiva de género es un conjunto de enfoques específicos y estratégicos, así como procesos técnicos e institucionales, que se adoptan para alcanzar dicho objetivo. Con la vista puesta en el futuro, se propone transformar instituciones sociales, leyes, normas culturales y prácticas comunitarias que son discriminatorias; por ejemplo, aquellas que limitan el acceso de las mujeres a los derechos sobre la propiedad o restringen su acceso a los espacios públicos. De ahí que se ponga énfasis en la representación de las mujeres artistas en museos públicos y colecciones nacionales, además de la presencia de gestoras culturales en los mismos.

En el libro *Desigualdad de género en el sistema del arte en España*, Marta Pérez Ibáñez junto con Semíramis González y Carolina Rodovalho estudian las carencias en igualdad que arrastra el sector cultural, poniendo el acento en el primer cuarto del siglo XXI. Con estadísticas y casos concretos, Pérez aduce que «la generación de nuevos paradigmas que se diferencien de la dominancia androcéntrica en la que se ha educado a generaciones»[33] implica también «revisar la crítica de arte y analizar cómo se está aplicando a la obra de mujeres artistas, bajo qué parámetros se analiza en el contexto universal de la creación artística y en su comparación con la obra de artistas hombres, y qué impacto está teniendo en la percepción social del arte creado por mujeres y en los propios procesos

---

[32] Declaración de la ONU recogida en [www.unwomen.org], consultada por última vez el 7 de febrero de 2024.
[33] VVAA, *Desigualdad de género en el sistema del arte en España*, Madrid, Ménades, 2021, p. 76.

creativos»[34]. Por lo que afirma que «una actitud abierta y analítica frente a la obra de arte permite evitar que sean características de género las que se asocien a aspectos icónicos, simbólicos o expresivos, que se perpetúe la asimilación de lo masculino con lo universal y lo femenino con lo particular, lo anecdótico, y que esto influya y pervierta nuestra forma de percibir el arte»[35].

No obstante, el desarrollo de capacidades en relación con la incorporación de una perspectiva de género pone de relieve, como adelantábamos, la urgencia por definir el sujeto político que requiere la perspectiva, a saber, la categoría de mujer, al tiempo que se dilucida quién tiene potestad para marcar esas pautas de perspectiva de género en la práctica. Por ello entra en juego el enfoque de la teoría del punto de vista, que emplean algunas disciplinas académicas para analizar discursos intersubjetivos, como es el caso. Tengamos en cuenta que lo más importante de esta teoría es que las propias perspectivas de un individuo están moldeadas por sus experiencias sociales y políticas. Se argumenta, con el respaldo de lo que la teórica feminista Sandra Harding llama una «objetividad fuerte», que los puntos de vista son multifacéticos en lugar de esencialistas, es decir, que las experiencias grupales crean una perspectiva general, pero que, sin experiencias personales, el punto de vista de una persona no puede ser realmente comprensible o extensible. La fusión de las muchas dimensiones experimentadas de una persona forma un punto de vista, a través del cual ve y comprende el mundo. Eso la acredita para definir que sus condiciones son propias de un punto de vista específico. O sea, plantea la pregunta de si una perspectiva de género para analizar la situación de las mujeres es posible que sea gestada y emitida por un sujeto que no sea mujer. Y si la crítica que escriban hombres sobre arte hecho por mujeres, al menos si lo hacen con una presunta perspectiva de género, tiene validez.

Desde las asociaciones de mujeres en las artes visuales se ha reivindicado colectivamente la presencia de la perspectiva de género tanto en la programación de los centros de arte y museos como en la crítica. Cabría preguntarse qué podemos hacer para que el arte, el periodismo cultural y la crítica artística sean áreas más igua-

---

[34] *Ibid.*
[35] *Ibid.*

litarias, sin la incesante necesidad de recurrir a la discriminación positiva o a las cuotas.

Cuestionar las desigualdades de un sistema que ha ido frenando el desarrollo del trabajo de las mujeres artistas y su posicionamiento en la historia del arte es una tarea cuyo liderazgo internacional podemos atribuir a la historiadora del arte y ensayista norteamericana Linda Nochlin. Desde 1970 hasta que falleciera en 2017 dedicó su carrera a analizar las intervenciones feministas que ponen en entredicho el paradigma hegemónico, investigando sobre mujeres artistas que fueron silenciadas o invisibilizadas. En 1971 publicó su célebre artículo «¿Por qué no ha habido grandes mujeres artistas?», considerado un texto pionero tanto para la historia del arte como para la teoría feminista del arte[36]. Nochlin localizó obstáculos institucionales y sociales en la tradición occidental de las artes visuales, deduciendo que el género afecta a la creación y la aprehensión del arte, ya que las expectativas de grandeza y genialidad han sido dirigidas hacia autores hombres normalmente. Sus escritos son interpretados como las primeras críticas de arte con perspectiva de género existentes.

Quién escribe la historia se revela determinante para arrojar luz sobre unos personajes o eventos y no otros. Por ello, tanto la perspectiva de género como la decolonial lo que proponen es un ejercicio de memoria colectiva para la reparación cultural en torno a la construcción de la identidad. O sea, cuestionar el relato ya elaborado y sacar a la luz lo que, al ser obviado, ha provocado un sesgo identitario y un daño colectivo. Esto es muy delicado, porque implica, de nuevo, seleccionar sobre qué o quién ponemos el foco. En el caso de Nochlin, resulta especialmente interesante la compilación de textos editada por Maura Reilly *Mujeres artistas,* donde aparecen reflexiones sobre el trabajo de un conjunto de artistas entre las que destacan Louise Bourgeois, Sophie Calle o Miriam Schapiro, además de otras de generaciones posteriores, como Liza Lou o Natalie Frank. Todas las que escoge tienen en común que

---

[36] Originalmente en inglés *Why Have There Been No Great Women Artists?,* fue publicado por primera vez en V. Gornick y B. K. Moran (eds.), *Woman in Sexist Society: Studies in Power and Powerlessness,* Nueva York, Basic, 1971. Edición castellana en L. Nochlin, *Situar en la historia. Mujeres, arte, sociedad,* Madrid, Akal, 2020.

abordan en sus obras temas relativos al ser mujer y, además, reescriben historias. Por ejemplo, Frank desmonta aspectos de los cuentos de hadas que han ido configurando la identidad femenina y requieren una revisión[37].

Revisar acontecimientos, personajes e incluso ficciones que no habían tenido una perspectiva de género puede suponer un proceso de reconocimiento y ampliación de miras muy positivo para el principal cometido feminista. El pasado no se cambia, pero cómo lo interpretamos y valoramos sí permite cierta evolución de pensamiento hacia la igualdad, ya que, como mínimo, fomenta imaginar alternativas para el futuro. Si nos salimos del plano teórico, resulta complejo aplicar tales postulados, aunque cada vez se dan más iniciativas en esta dirección. Por ejemplo, el Museo Picasso de París ha propuesto dar a su muestra permanente un enfoque feminista de la siguiente manera: reorganizándola con especial atención a Françoise Gilot, artista y antigua compañera de Pablo Picasso. Esta remodelación, impulsada por Virginie Perdrisot, conservadora de la institución, incluye nueve obras de Gilot, que proporcionan un contrapunto a la narrativa masculina que tradicionalmente ha dominado la interpretación del legado picassiano. Se trata de cambiar el punto de vista, teniendo en cuenta que tampoco todo aquello que se diga «feminista» va a serlo, pues el mercado ya se ha ocupado de utilizar el concepto en objetos y campañas de publicidad de todo tipo, tratando de desvirtuarlo para que pierda fuerza diluido en dinámicas materialistas.

Los estudios feministas más recientes se mantienen alerta, centrándose en algunos aspectos particulares. Destacaremos, por abreviar, la figura de la filósofa Nancy Hartsock, que dio clases en la Universidad de Washington casi hasta sus últimos días, concienciando a las nuevas generaciones de estudiantes en el siglo XXI sobre las relaciones entre dinero, sexo y poder, y el materialismo que hay bajo ciertas formas de supuesto feminismo. Para ejemplificarlo, tomó ideas de Hegel sobre el amo y el esclavo, e ideas marxistas sobre la clase y el capitalismo. Publicó *The Feminist Standpoint: Developing Ground for an Specifically Feminist Historical Materialism* en 1983, empleándolo en sus clases casi como un manual has-

---

[37] L. Nochlin, *Mujeres artistas. Ensayos de Linda Nochlin,* Madrid, Alianza, 2022.

ta 2009. Allí explicaba la teoría contemporánea del punto de vista y la particularidad de que a menudo se centra en las posiciones sociales como el género, la raza y la clase, valorando las experiencias de las mujeres y las minorías como fuente de conocimiento. A propósito de las pinturas de la artista barroca italiana Artemisia Gentileschi, Mary D. Garrard escribe en *Artemisia Gentileschi y el feminismo en la Europa de la Edad Moderna* sobre la necesidad de que trasciendan el debate académico las reflexiones en torno al control patriarcal y la crítica a la misoginia en el mundo del arte. La autora considera antinatural el dominio social que se ha venido ejerciendo sobre las mujeres, durante mucho tiempo consideradas inferiores intelectual y técnicamente. Así, al destacar un referente que pintaba cuadros que heroizaban a las mujeres en un contexto nada favorable para ello, afirma: «Durante décadas, Artemisia pintó cierto número de cuadros de mujeres en la cima, imágenes que sistemáticamente menoscababan al varón y empoderaban a la mujer»[38].

Una falta de calidad en las obras de arte ejecutadas por mujeres ha sido el argumento central a la hora de silenciar desde la crítica a artistas cuyo trabajo estaba al nivel de los grandes maestros de la historia pero que no tuvieron tanta suerte. ¿Cómo se define la calidad? Mediante un acuerdo común entre observadores artísticamente sensibles y capacitados. Por eso los críticos de arte se supone que tienen potestad para determinar el valor artístico de una pieza. A lo largo de los siglos, tanto artistas como mecenas pensaban que una buena obra debía poseer la combinación perfecta de perspectiva, belleza y armonía, cualidades que la convirtieran en fuente de conocimiento y de placer estético. En la actualidad, las obras de arte se valoran en función de una variedad de factores entre los que están el mercado y las tendencias, aunque la capacidad técnica siga siendo una parte importante que tener en cuenta.

En su libro *Humanoscopia. Una exploración sobre la naturaleza humana*, Ignacio del Val, científico y divulgador cultural más conocido como El Tarro de Heno, reflexiona: «Bastaría un solo día sin sol para que nos echásemos las manos a la cabeza, pero toda una historia sin mujeres no ha hecho saltar las alarmas hasta tiempos

---

[38] M. D. Garrard, *Artemisia Gentileschi y el feminismo en la Europa de la Edad Moderna,* Madrid, Akal, 2024, p. 151.

demasiado recientes. Lo hemos asumido con total naturalidad, como si la mitad de la humanidad hubiese sido neutra a efectos de su propio cambio. Las nuevas generaciones de historiadores e historiadoras tienen ante sí el reto de reparar esta omisión y legar a las generaciones futuras una imagen mucho más verosímil del pasado. De conseguir que esa piedra pómez que es su relato sea cada vez menos porosa»[39]. Esta postura se ha extendido en el mundo del arte y así lo manifiestan numerosos artistas, críticos y asociaciones del sector.

Veamos un caso, relacionado con la asociación española de Mujeres en las Artes Visuales (MAV). Su socia Toni Picazo, gestora cultural y crítica que escribe para el diario *Levante* una columna de opinión, evidenció públicamente el descontento general con la supresión de la sala dedicada a exponer obra de mujeres artistas en el Museo de Bellas Artes de Valencia (MUBAV) a menos de un año de su inauguración. Con un gobierno autonómico de izquierdas, el director en ese momento, Pablo González Tornel, contentó a todos tomando la iniciativa de dedicar una sala con obras realizadas por mujeres para reivindicar el talento femenino que durante siglos ha estado en segundo plano. Situada en la segunda planta del Edificio Pérez Castiel, la sala expuso durante diez meses obras de las artistas María Sorolla, Elena Carabia, Emilia Torrente, Manuela Ballester, Rosario de Velasco, Marthe Spitzer y Adrienne Guillou, además de un retrato de María Sorolla realizado por su marido, Francisco Pons Arnau, un busto en yeso de María modelado por Mariano Benlliure, dos bustos retratos de Emilia Torrente, en yeso y en bronce respectivamente, realizados también por Benlliure, y dos pinturas de José Mongrell que representan a Elena Carabia. Piezas poco conocidas, que generaron expectación y el aplauso generalizado, porque se trataba de una medida de carácter permanente.

Como una especie de autocensura preventiva, y tras darse un cambio de gobierno inclinado hacia la derecha, González Tornel tomó la determinación de acabar con el proyecto puesto que le parecía que ya había cumplido su función y que, de hecho, tal vez era un inconveniente segregar de esa manera. La discriminación positiva ya no convenía. En resumen, lo que antes se consideraba

---

[39] I. del Val, *Humanoscopia. Una exploración sobre la naturaleza humana*, Madrid, Kailas, 2023, p. 74.

feminista ahora se percibe como lo opuesto, ya que las obras de estas artistas deberían estar integradas en la colección general del museo en lugar de ser exhibidas en una sala separada. En esa línea fue el discurso oficial. Este cambio repentino, en el que no hubo injerencia política sino estrategia de gestión para mantenerse al frente del museo, en vistas de que otros directores de instituciones culturales con un marcado perfil progresista estaban viendo rescindidos sus contratos, casi pasa desapercibido. Muy pocos críticos hicieron hincapié en la incoherencia de tal medida y la tomadura de pelo que suponía para la ciudadanía, a la que se había ofrecido una supuesta relectura en clave de género de tan valiosa colección.

De las pocas críticas públicas que pudieron leerse, solamente en medios locales y redes sociales, destaca la mencionada de Toni Picazo, que mostró indignación y afirmó que esto reforzaba la convicción generalizada sobre la mediocridad artística de las mujeres, conllevando la devaluación inconsciente de su trabajo. Comparaba, además, con otras pinacotecas y explicaba que los bodegones de Clara Peeters han estado en el Museo del Prado desde su apertura en 1819; no obstante, hubo que esperar a 2016 para que el museo le dedicase una exposición individual, la primera de una artista en ese centro. Ahora que se deshacía el proyecto valenciano, sólo tres de las ocho obras expuestas en la Sala de las Artistas, las correspondientes a las pintoras María Sorolla, Rosario de Velasco y la escultora Emilia Torrente, seguirían visibles al público. A los almacenes regresaron las pinturas de Adrianne Guillou, Marthe Spitzer, Manuela Ballester y Elena Carabia, la única que estaba representada con dos obras. El problema de la poca presencia de mujeres en las muestras de colecciones institucionales europeas y, especialmente, españolas continúa vigente. Entronca con las luchas feministas y a veces queda difuminado entre otros objetivos de desigualdades que solucionar, así como cuestiones políticas de otra índole, a las que se les intenta sacar rendimiento partidista.

Podría decirse que, durante el primer cuarto del siglo XXI, en España hay dos ejes temáticos fundamentales: la reestructuración del Estado desde un punto de vista federal –lo que se viene a llamar «la cuestión territorial»– y la reconstrucción de la izquierda política abanderada de los valores feministas y decoloniales. El feminismo histórico, impulsado por creadoras, nunca había tenido una representación tan significativa en la política parlamentaria.

Aunque artistas activistas de los años sesenta y setenta ya habían promovido el arte feminista, actualmente diversos partidos políticos, sin importar su ideología, pretenden definir qué es el feminismo, hasta dónde puede llegar y el significado de lo decolonial. La cultura es política, pero los partidos no deberían apropiarse de conceptos como «libertad» ni limitar lo que significa «ser mujer» o «empoderarse».

El propio concepto de mujer como sujeto político se ha cargado de controversia, cuando hace unos años era simple su acotación. Se entiende que las sociedades evolucionan y el abanico de diversidad se abre a la par. No obstante, hemos llegado a un punto en el que hablar de mujer, aunque sea para defender los derechos de dicho sujeto, implica para algunos colectivos estar discriminando a quienes no se sienten identificados con ningún género concreto y, por lo tanto, supone un ataque. Las personas feministas más visibles en la esfera pública occidental se ven obligadas a medir sus palabras ante la amenaza de escraches y cancelación si patinan con un comentario del que quepa, aunque sea con calzador, una interpretación políticamente incorrecta. De manera que hemos pasado de reivindicar en los 2000 la necesidad de incorporar a la lucha feminista a las mujeres trans porque son mujeres y entran en la misma categoría que se quiere defender, a rechazar cualquier categoría y demonizar cualquier reflexión sobre las particularidades del hecho de ser mujer. El espacio que pedíamos para el transfeminismo, con recelo de las feministas que excluían a las mujeres trans por no haber sido reconocidas como mujeres desde su nacimiento, se ha expandido y distorsionado.

¿Interesa el bien común relativo a cuestiones feministas? Quizá ni tan siquiera interesa entre las filas feministas, donde las luchas activistas se tornan luchas de poder que reproducen las dinámicas heteropatriarcales supuestamente combatidas. Si el patriarcado y la heteronormatividad oprimían a las identidades diversas, el matriarcado y lo cuir no deberían tratar de imponerse por la fuerza. Esta opinión impopular se vincula a la ultraderecha, ya que es impensable concebir que se emita desde un pensamiento progresista, cuando el progresismo pone lo social en el centro y, por lo tanto, tiene todo el sentido del mundo buscar concordia y convivencia. Lo diverso como imperativo ha sido un tiro por la culata en el siglo XXI, pues, si abrazamos la diversidad, en ella caben las personas conservadoras, hetero y no racializadas. No se trata de tolerar la intolerancia, sino de que los oprimidos dejen de estarlo y acepten una condición de horizontalidad con sus iguales y sus opuestos, sin sustituir una asimetría por otra. La igualdad iba de eso, pero, si se mantienen las tensiones, se justifica la creación de numerosos proyectos, delegaciones, oficinas, instituciones dedicadas a terminar con un conflicto cuya perpetuidad asegura la supervivencia de tales intermediarios y, en definitiva, mueve mucho dinero. Equidad y margen de beneficio están reñidos, así que mejor ofrecer un espejismo de empoderamiento a las masas y calderilla a la crítica para originar opiniones tendenciosas.

Dependiendo del corte ideológico, se aceptan unos postulados u otros. ¿Qué es exactamente lo que las empodera en el tiempo presente? El respeto, la eliminación de las barreras discriminatorias, el acceso al empleo y la igualdad salarial, en resumen, el reparto equilibrado del poder. No obstante, el sistema capitalista actual se encarga de desactivar dichos anhelos distorsionando la conciencia que tienen de sí mismas para que no reclamen demasiado alto sus derechos o crean que ya los tienen garantizados. Porque, si en su célebre libro *El segundo sexo*, al plantearse qué es una mujer, la legendaria filósofa francesa Simone de Beauvoir llegaba a la conclusión de que «no se nace mujer, se llega a serlo», está claro que la lucha por los derechos de las mujeres es una constante, un proceso en construcción.

«Nuestra mera presencia pone en cuestión al mundo», decía Beauvoir del ser mujer, ya que los seres humanos nos rebelamos ante las categorías cerradas y estancas. El género ocupa una parte importante de la agenda pública, impregna la cultura y el arte, así que sí llega a la crítica, mediante la cual se articulan bastantes discursos que justifican unas u otras posturas, normalmente desde lo periodístico y con guiño a un partido político, no tanto desde el terreno teórico e intelectual, donde tiempo atrás se reflexionaba seriamente al respecto. La teoría *queer* es un campo de la teoría crítica que surgió a principios de la década de 1990, cuando comenzaron a elaborarse las políticas sobre identidad de género no normativa. Es decir, establece que los genitales con los que una persona nace no deberían identificarse dentro del binomio hombre-mujer/masculino-femenino, puesto que existen personas que, al nacer, se les atribuye una identidad de género por su sexo con la que luego no se reconocen. En el contexto anglosajón, para referirse a esto, se toma un término peyorativo que sugiere que alguien es «rarito» (*queer*, en jerga londinense) y se subvierte, en Latinoamérica se va a usar la transcripción fonética «cuir» que hemos empleado antes con el mismo propósito. Bien, lo *queer* implica una reapropiación de términos identitarios con connotaciones negativas para utilizarlos como resistencia, dándoles la vuelta conceptualmente. Se basa en negar la realidad biológica material de mujeres y hombres para relegar los roles de género a una cuestión de sentimiento y comportamiento. Por lo tanto, el género sería algo socialmente impuesto, una construcción social y no algo natural e irreversible. La performatividad del género se vuelve atractiva por liberadora. Supondría que se puede ser mujer sin cumplir los cánones de belleza, los estereotipos femeninos o los roles históricamente asociados a ello, igual que siendo hombre o no sintiéndose cómodo en ningún punto ya definido. Lo que sucede es que, en la práctica, se ha ido virando hacia remarcar los estereotipos de corte estético en vez de diluirlos.

El libro *Art & Queer Culture* es un referente de cómo la postura política y activista refleja una estética que pasa a analizarse desde la crítica de arte. Se trata de un volumen que incluye dos ensayos de Richard Mayer y Catherine Lord junto a una gran variedad de láminas de artistas como Bacon, Nan Goldin o Félix González-Torres, actualizado por la editorial Phaidon en 2019, con un nuevo capítulo titulado «Here and Now» en el que colaboraron creadores que ponen de relieve el alcance del arte *queer* hoy día. En España, explica Lord a propósito del impacto del SIDA a finales de los 80 del siglo pasado, artistas e intelectuales guardaron silencio, hasta que, a principios de 1990, el artista Pepe Espaliú organizó una *performance* en la que sus amigos transportaban su cuerpo enfermo por la ciudad de Madrid, así visibilizaba el VIH y el estigma que suponía para la comunidad gay, para las sexualidades no normativas. En aras de la visibilidad de quienes son discriminados por no ajustarse a la norma, se popularizó hablar de lo *queer*. Las identidades que trascendían lo establecido por los géneros reclamaron atención y, con ellas, todas aquellas que permanecían en los márgenes.

La perspectiva de género en el arte va totalmente ligada al pensamiento decolonial[40], puesto que la otredad, el exotismo y la ra-

---

40 S. Hall, «¿Cuándo fue lo postcolonial?», en VVAA, *Estudios Postcoloniales. Ensayos fundamentales*, Madrid, Traficantes de Sueños, 2008.

cialización atraviesan los feminismos y las luchas compartidas entre colectivos oprimidos por no encajar en estándares socialmente aceptados. Ya hemos avanzado algunos rasgos generales de la crítica contemporánea al colonialismo. Lo que denominamos actualmente «historia poscolonial» tiene su origen en el llamado grupo de Estudios Subalternos, constituido hacia finales de los años setenta. En esa misma década, el feminismo negro y LGTBIQ+ se aleja del feminismo hegemónico, implicándose a fondo en criticar el racismo y el etnocentrismo; por eso es considerado el antecedente de lo que luego ha venido a entenderse por «feminismo poscolonial».

En España se han llevado a cabo proyectos de investigación decolonial desde el campo del arte, incluida la crítica y con una mayoría de participantes mujeres, como el que tuvo lugar en Matadero Madrid con la colaboración del Centro de Estudios Poscoloniales de Goldsmiths de la Universidad de Londres. El grupo de investigación «Conocimientos y Estéticas Decoloniales», del cual formó parte la autora de este libro[41], iniciaba su andadura en 2012 para ir disolviéndose poco a poco a lo largo de un lustro. Quizá la falta de una definición concreta, la excesiva multidisciplinariedad y la diversidad de perfiles e intereses dificultaron que el grupo continuase unido y sus investigaciones diesen frutos.

La artista peruana Sandra Gamarra fue la primera creadora no nacida en España elegida para el pabellón español en la Bienal de Venecia, con el comisariado de Agustín Pérez Rubio en la edición de 2024. Gamarra creó *Pinacoteca Migrante*, un proyecto artístico que investiga el pasado colonial español tomando como referencia cuadros, esculturas y diversos objetos de los museos nacionales que ha estudiado durante 15 años. Con imágenes de estas obras elabora reproducciones, *collages,* piezas nuevas que tratan de crear conciencia sobre la mirada colonial europea y transmitir la idea de que la humanidad forma una única comunidad cuyo modelo de existencia, dada la crisis climática, entre otros problemas, no pare-

---

[41] El grupo de investigación «Conocimientos y Estéticas Decoloniales» de Matadero Madrid fue integrado por los siguientes miembros: Alberto Nanclares, Anak&monoperro, Cristina Balma-Tivala, Israel V. Márquez, Julia Morandeira, Julia Poch, Natalia Giménez Cid, Marisol Salanova, Santiago González Villajos, Silvia Zayas y Susan Campos.

ce el adecuado para la posteridad. Comisario y artista ya habían trabajado juntos en proyectos anteriores, como la exposición «Buen Gobierno» en 2021, en la Sala Alcalá 31 de Madrid, que generó cierta polémica por cuestionar el concepto de hispanidad y hablar abiertamente de racismo. En ambas ocasiones, la crítica al colonialismo iba unida a una crítica al patriarcado y al machismo, por lo que no es extraño encontrar relacionadas las lecturas decoloniales y las feministas en el revisionismo que se pretende riguroso.

Algunos historiadores del arte se han pronunciado respecto a proyectos como el de la Bienal de Venecia, pero, por lo general, la crítica no profundiza lo suficiente, dejando en manos de columnistas y secciones de política en los medios la valoración del arte decolonial y las relecturas de género. Esto suscitó el deseo de poner en tensión todas las fisuras del sistema, en plena crisis del Gobierno socialista español. Tratando de no reforzar las estructuras de poder, surgen nuevas narrativas que incurren en el error de querer sustituir unas estructuras por otras, envueltas en dinámicas de poder al fin y al cabo. Por ello es necesario más pensamiento crítico sobre la cuestión decolonial y las estrategias de acción propuestas, pues las que se han llevado a cabo hasta el momento fomentan un sentimiento nacionalista disparatado.

Como en los espacios culturales, en la política también bulle la pregunta por la decolonialidad, porque cuestiona la propia lógica mediante la cual la modernidad se pensó y se heredó. Existe una dificultad para hablar en términos teóricos sobre las prácticas artísticas que interrogan la colonialidad de las imágenes fuera del entorno académico. No ha habido una pedagogía ni una mediación que acerque a la ciudadanía los conceptos relacionados y los libere del peso de la polémica. Pese a que las dinámicas del colonialismo estuvieran regadas de episodios violentos, machistas y racistas, no se ahonda en la raíz. La falta de pensamiento crítico en profundidad y más allá del plano académico distorsiona la realidad histórica ante la opinión pública.

¿Quiénes son los verdaderos privilegiados? Porque se lee mucho manifiesto contra los privilegios y la hegemonía de ciertos postulados escrito por autores cuya propuesta no va más allá de dinamitar un sistema o una institución para ponerse al frente. Es el caso del periodista cultural Peio H. Riaño con *Las invisibles: ¿Por qué el*

Museo del Prado ignora a las mujeres?[42], ensayo del que él mismo decía que es un relato sobre privilegios y exclusiones cuyo propósito es extirparlos todos. «La idea de la dominación masculina y el sometimiento femenino no puede seguir legitimada por un museo como el Prado», afirmaba. Sin embargo, el libro no aporta pruebas que avalen la idea de que el museo está perpetuando tal dominación. ¿Hasta qué punto repudian la política quienes no paran de utilizarla en favor propio? ¿Se puede escribir ahora mismo sin estar haciendo política? Sea crítica de arte o literatura, escribir, en general.

El feminismo poscolonial es un espacio conceptual que trata, sin éxito, de escapar a la crisis general de la política. Repensar las consecuencias del colonialismo en nuestra actual concepción del mundo tiende a reducirse a una sola fuente de opresión, cuando requiere lecturas desde un paradigma interseccional que la derecha no acepta de buena gana y la izquierda estructura con torpeza. La construcción de una realidad que es cualitativamente diferente para mujeres y hombres, donde las mujeres son muchas veces explotadas y menospreciadas por su género, implica una perspectiva heteropatriarcal contra la que se revela el arte feminista. El hecho de que se quede en el plano simbólico o en círculos en los que se predica a conversos es otro cantar. Sucede que las medidas propuestas para transformar las sociedades no se ejecutan –a menudo porque no son factibles–, por lo que las dinámicas de opresión y discriminación siguen ahí, maquilladas y acumulando aceptación por quienes rechazan el sospechoso concepto decolonial.

La relativa incapacidad de la izquierda política para elaborar un modelo económico alternativo en respuesta al auge del capitalismo neoliberal se traduce, entre otras cosas, en una aceptación de ciertas dinámicas de opresión a las mujeres disfrazadas de transgresoras. O sea, termina por romantizar aquello que pretende denunciar y cambiar en nuestra sociedad.

Una artista que contribuye a ello desde que encontró en el activismo feminista su nicho, es Yolanda Domínguez. Sus piezas audiovisuales parten del trabajo de otras personas, bajo la premisa de colaborar desinteresadamente, firmadas de forma individual por

[42] P. H. Riaño, *Las invisibles: ¿Por qué el Museo del Prado ignora a las mujeres?,* Madrid, Capitán Swing, 2020.

ella o, en cualquier caso, siendo la cabeza visible. Acciones como su obra de 2013 titulada *Fashion victims,* denunciando las condiciones esclavizantes de trabajadores textiles en fábricas de Bangladesh, generan imágenes que estetizan el cuerpo femenino castigado, las relaciones entre marcas de lujo y horror. La artista, que también es comisaria y escribe, ha tenido, además, problemas con sus prácticas en el terreno de la crítica por, presuntamente, inspirarse demasiado en el trabajo de otras personas a la hora de lanzar un libro de su autoría.

Fue acusada de un posible plagio por la filósofa Loola Pérez, más conocida como Doctora Glas, respecto a su libro *Maldita feminista. Hacia un nuevo paradigma sobre la igualdad de sexos*[43], publicado en 2020. El ensayo de Domínguez *Maldito estereotipo*[44], publicado en 2021, parecía emularlo hasta en el diseño de portada. El apoyo mediático y, sobre todo, político a Domínguez posicionó su obra, mucho menos original y rica que el volumen de López, por encima de cualquier otro libro sobre el mismo tema. Si bien el de Domínguez hace hincapié en cómo las imágenes de moda, ropa y complementos calan en los comportamientos femeninos, sus trabajos artísticos, repetimos, estetizan los estereotipos y ella misma utiliza su imagen a modo de icono. ¿Cuál ha sido su aproximación a la moda a lo largo de su carrera? Ahí reside la clave de su éxito. Emplea técnicas del *marketing* y el mundo de la moda, el glamur y el misterio para generar un personaje, paradójicamente estereotipado, que mueva legiones de fans. Contribuir a la romantización de algo mientras se critica eso mismo es tratar infructuosamente de boicotearlo.

Haber aceptado la idea de que la sexualización extrema es un acto voluntario que aporta valor, que transforma y es emancipador, resulta uno de los logros más perversos del neoliberalismo a principios del siglo XXI. Cuanto más aceptable es ver cosificada y humillada a una mujer porque se presupone que ella lo elige, que hasta lo está haciendo como reclamo revolucionario para cambiar eso…, más se reafirma la falsa creencia, estadísticamente comprobada entre los jóvenes, de que el machismo es un invento ideológico del

---

[43] L. Pérez, *Maldita feminista. Hacia un nuevo paradigma sobre la igualdad de sexos,* Barcelona, Seix Barral, 2020.
[44] Y. Domínguez, *Maldito estereotipo,* Barcelona, Ediciones B, 2021.

que no emana ningún tipo de violencia. Así, los feminismos han pasado de incomodar a plasmar lemas en camisetas de marcas comerciales, alimentando inconscientemente las estructuras de opresión.

Ideas neoliberales que promueven la mercantilización de los cuerpos se enmascaran de libre elección y, por lo tanto, señal de empoderamiento femenino, y desvían la atención de objetivos tan importantes como la igualdad salarial u otros derechos que penden de un hilo para personas pertenecientes a colectivos en riesgo de exclusión. En la línea del transactivismo situaríamos a Miquel Missé. Sociólogo, experto en género y sexualidad humana, muestra una posición de autocrítica dentro del movimiento al que se adscribe. Considera fundamental reflexionar sobre los riesgos del principio de autoidentificación. Esta noción de un sujeto hecho a sí mismo, de construcción deudora de la lógica neoliberal, puede conducir a un falso empoderamiento. Missé ha lanzado reflexiones así públicamente sobre los intereses de su colectivo y cómo afecta al resto de la sociedad.

Paradójicamente, en el imaginario popular la noble lucha por los derechos de las personas trans está ligada a una fagocitación de estereotipos que a veces desfavorecen aquello entendido por femenino. Bajo la idea de resignificar conceptos que se han empleado con una connotación peyorativa en el pasado, se tiende a aceptar lo que siguen siendo insultos degradantes para la mayoría de mujeres. Y cuestionar el inmediato empoderamiento de quien asume un insulto como algo festivo es peliagudo, por lo que muchas personas se abstienen de pronunciarse contra las modas que causan incomodidad entre las filas feministas. Porque ha habido notables casos de éxito en resignificar palabras insultantes entre las personas LGTBIQ+, por ejemplo *queer*. Pero también se ha asumido desde el mismo colectivo la vuelta de tuerca a la palabra *zorra* trasladándolo al contexto feminista sin que la mayoría de mujeres la sientan como positiva. De emplearla en un contexto jocoso a quedar fuera de toda vulneración del derecho al honor y a la propia imagen va un trecho, en la medida en que no todas las mujeres reciben ese adjetivo con conformidad y en un entorno favorable.

El dúo musical Nebulossa presentó a finales de 2023 su canción titulada «Zorra», con la que ganó la tercera edición del Benidorm Fest para representar a España en Eurovisión 2024. La canción suscitó muchas críticas, aunque la opinión mediática fue favorable, ya que se suponía que venía a resignificar un insulto que empoderaría a las mujeres. Para las voces críticas que se alzaron con absoluta impopularidad, se trató de una maniobra populista de distorsión y mercantilización del movimiento feminista. La palabra *queer* pasó de insulto a tener una identificación positiva tras décadas de estudios y activismo, porque la resignificación no es instantánea ni irreflexiva, sino que lleva su tiempo y requiere un consenso. Considerar que por incluir en una canción el insulto «zorra» en tono festivo quedaba automáticamente resignificado, es ingenuo y peligroso en un mundo en el que al grito de «zorra» se asesina a miles de mujeres anualmente por el hecho de ser mujeres y no querer someterse al machismo. En muchos casos asesinadas a manos de sus parejas, que las matan o ejercen violencia vicaria sobre sus descendientes, cuando ellas dicen basta y deciden separarse. El uso frívolo del término no lo resignifica, porque no existe un consenso entre quienes forman parte del sujeto de identificación, o sea, las mujeres. Sin el consenso por parte del colectivo es imposible la resignificación.

No, dejar que un insulto defina a una persona no es emancipador para nadie. Pero, en el contexto de Eurovisión, resultó una fórmula que vendía, que funcionaba a nivel comercial. Popularizar esa idea hace que la persona que recibe un insulto se sienta menos insultada, más confiada, dócil y resignada a no imaginar ningún otro escenario posible porque lo ha normalizado. Se ridiculiza percibirlo como ofensa. Es más, se obliga a aceptar el insulto sin rechistar, porque muchos insisten en que es emancipatorio y, si se discrepa entonces, se sufrirán consecuencias peores que el insulto en sí.

Incapaz de fantasear con una vida plena en un sistema alternativo, el realismo capitalista del que hablaba Fisher impregna el feminismo que había logrado calar en la ciudadanía. Lo contamina de manera tal que la perspectiva de género queda afectada porque sucumbe al mercantilismo. Si el deseo humano innato de crear arte sólo fuera compatible con el capitalismo, cualquier otro sistema que no se base en la acumulación personal de riqueza y capital a toda costa sería percibido como contrario a la naturaleza humana y, por extensión, imposible de implementar. Así, escribir sobre arte con una visión que eleve la perspectiva de género a la crítica cultural también puede volverse un elemento para uso comercial y propagandístico. Comercializar a partir de una causa social es posible precisamente porque estamos inmersos en la fase más perturbadora del capitalismo que la historia haya conocido.

La división sexual del trabajo y la dicotomización sexual de los espacios marcan una diferenciación de roles entre mujeres y hombres que provoca una discriminación tan arraigada que es compleja de ver. El neoliberalismo se basa en una concepción individualista del ser humano, es decir, lo considera como agente y responsable último de lo que suceda, de modo que muchas mujeres son incapaces de interpretar su propia situación de desigualdad. También puede que vean desigualdad pero se hayan convencido de que la provocan activamente o que les favorece de algún modo. No nos referimos a la discriminación positiva, que intenta equilibrar la presencia de personas de todos los géneros en trabajos, cargos directivos y espacios públicos. La discriminación hacia las mujeres, vistas como «el sexo débil», puede hacer que algunas piensen que este prejuicio las beneficia, ya que los hombres asumirían tareas difíciles. Esto puede llevarlas a la falsa creencia de que son incapaces o merecen menosprecio, mientras que otras creen que ponerse del lado del opresor las empodera.

El estrecho vínculo entre capitalismo y desigualdad de género se afianza porque este modelo económico y político usa a las mujeres como mano de obra barata en el espacio público, accediendo a puestos de trabajo con peores salarios que los hombres, y en el espacio privado, realizando el trabajo doméstico y los cuidados familiares sin reconocimiento ni retribución económica. La incorporación de la perspectiva de género en todas las áreas de conocimiento supone tomar conciencia de esta problemática a fin de solucionarla. La división entre izquierdas y feminismos se va destapando, pero señalarla es como admitir un error o debilidad del sistema aparentemente más deseable para quienes se dedican a la cultura. Guadalupe Sánchez, coautora del libro *Indomables. Diez mujeres frente al feminismo hegemónico*, menciona que los populistas suelen recurrir al «falso consenso». Es decir, presentan como acuerdos generales lo que en realidad son dogmas políticos, utilizados para descalificar a quienes disienten o cuestionan de manera razonable. Así que, para solucionar lo de la brecha de género, el progresismo tampoco es que esté funcionando. Se destina cada vez mayor presupuesto a actividades que tienen que ver con ello desde el ámbito cultural sin que causen efecto[45].

Existe una brecha entre mujeres y hombres respecto a las oportunidades de acceso a y control de recursos económicos, sociales, culturales y políticos. ¿Puede el arte combatir esa brecha de género? El arte por sí mismo no, son agentes culturales como los artistas quienes ponen en marcha proyectos de carácter feminista que abordan situaciones injustas, tratando de alumbrar caminos alternativos. Desde el comisariado también se elaboran discursos teóricos y justificaciones conceptuales que reúnen obra de artistas que trabajan en la misma dirección. Realizan una labor encomiable. El hándicap de tales proyectos y las obras resultantes es que suelen requerir de una explicación, que solas, cara a cara frente al público, sin ninguna mediación, suele ser difícil captar de qué están hablando. Precisamente esa barrera epistemológica evidencia hasta qué punto nuestra sociedad ha barrido bajo la alfombra los problemas de las mujeres durante tantísimo tiempo que cuesta percibirlos a simple vista en una pieza artística honesta. También pone de relieve la utilidad de la crítica.

Volviendo al feminismo decolonial, este ofrece nuevas interpretaciones sobre las relaciones entre raza, género, sexualidad y geopolítica. La antropóloga dominicana Ochy Curiel ha coordinado durante varios años los posgrados en Estudios de Género de la Universidad Nacional de Colombia. Actualmente es consultora independiente y activista del movimiento feminista lésbico y antirracista, además del feminismo decolonial. Forma parte del Grupo Latinoamericano de Estudios, Formación y Acción Feminista (GLEFAS). Sin embargo, estos colectivos que tratan de forma crítica el vínculo entre feminismo y decolonialidad se quedan en anécdotas y discursos crípticos que no establecen conexiones entre la temática y el público no familiarizado con ella de antemano.

La crítica y comisaria española Semíramis González ha demostrado tener la sensibilidad y la conexión necesarias con el tema para abordarlo desde ambos lados, el de la crítica y el del comisariado. Desde la escritura, cabe destacar una primera aproximación con las reflexiones que compartía en su propia página web en tor-

---

[45] VVAA, *Indomables. Diez mujeres frente al feminismo hegemónico,* Madrid, Ladera Norte, 2024.

no a la muestra de 2014 «Rumor… Historias decoloniales en la Colección La Caixa», que tuvo lugar en CaixaForum Barcelona. Formaba parte del proyecto Comisart, convocatoria para comisariado emergente de la entidad que proponía nuevas miradas sobre su colección, y esta propuesta curatorial en concreto era de Suset Sánchez. González afirmaba que, para reflexionar sobre ella, había tenido que cambiar su propio lenguaje, que se había cuestionado a sí misma. «Abro el catálogo y lo primero que me asalta es una gran pregunta como título: "¿Es posible decolonizar la práctica curatorial como herramienta de interpretación?"». El texto de la comisaria de por sí empieza con un interrogante. No categoriza, no nos confirma nada, nos interpela», explicaba a propósito de la deconstrucción semántica. A lo que añadía: «Me recuerda esta exposición, sin querer, a una afirmación que Estrella de Diego decía en clase: vaticinaba un futuro en el que constantemente desmontaríamos los discursos. Decía que quienes nos dedicamos a cuestionarlo todo, nunca podemos dejar de hacerlo. Y aquí reside, precisamente, lo oportuno de esta exposición»[46].

Ahí reside, de hecho, lo oportuno de la crítica desde una perspectiva de género: reflexionar sobre formas de ver y cómo esas distintas maneras cambian la sociedad, igual que eventualmente el arte puede cambiar las formas de ver. Algo que Estrella de Diego subrayaría durante un curso en la Universidad Internacional Menéndez Pelayo (UIMP) en 2018 con la siguiente afirmación: «la mirada no es fija, sino que va cambiando a lo largo de los siglos». Tan sólo un año antes, en una entrevista para el diario argentino *La Nación* en 2017, De Diego había declarado: «La crítica de arte ha perdido su influencia. El poder ahora lo tienen los curadores». Tal vez por eso muchos agentes culturales que compaginaban crítica y comisariado hayan ido dejando la escritura en un segundo plano, porque perder influencia se traduce en perder capacidad de generar ingresos, y escribir en precario sólo se hace si interesa mucho aquello que se desea transmitir. Supone, hoy día, un sacrificio.

Desde Planeta Futuro en el diario *El País* se realizó un excelente reportaje sobre la restitución de bienes culturales a África, publica-

---

[46] Consúltese [https://semiramisgonzalez.com/rumores-miradas-sospechosas-y-decolonialismo/].

do el 1 de marzo de 2024. En él, se señalan las demandas extendidas por todo el continente africano y enmarcadas en el despertar poscolonial de las generaciones jóvenes que quieren superar las lógicas colonialistas que han supuesto las bases de nuestra historia. En este sentido, el artículo hacía hincapié en que países como Francia, Alemania, Holanda y España ya han puesto en marcha procesos de restitución. «Fruto de ellos, algunos objetos han vuelto y otros volverán, si los alambicados procedimientos legales llegan a buen puerto», apostillaba. Por ejemplo, Alemania posee unos 40.000 objetos culturales cameruneses, mientras que el museo nacional del país africano cuenta con apenas 6.000, de modo que se ha activado una campaña por parte de este último para la devolución de patrimonio. Este no es un caso aislado, ni la restitución es algo reciente, pues se ha venido haciendo desde numerosos museos del mundo durante décadas.

El proceso de patrimonialización de bienes culturales a lo largo de los siglos ha implicado la excavación y reconstrucción de pasados violentos, lo que complica la certeza en nuestras acciones actuales. Esto ha llevado a una discriminación positiva hacia comunidades oprimidas, pero a largo plazo ha generado rechazo, basado en la idea de aislamiento y autoafirmación individualista. Además, el enfoque en debates de género y críticas poscoloniales ha producido una polarización intensa, en la que proliferan especulaciones y ficciones históricas. Como señalaba Camus, para repensar el mundo debemos alejarnos de los discursos superficiales y volver a un pensamiento libre, centrado en la realidad concreta, como lo sugiere también Antonio Muñoz Molina, quien aboga por la ética de lo concreto como refugio.

Censura o autocensura: criticar para provocar

Vivimos una época de dificultades para la ética. Estamos ante el desafío de un necesario compromiso intelectual: la crítica de arte debe evitar someterse a la autocensura para no retroceder en libertad de pensamiento y, por lo tanto, de expresión. La supremacía de algunas ideas que se pretenden situadas en el lado correcto de la Historia, fagocitadas por agentes culturales que se benefician de ellas, merman la capacidad de expresar opiniones disconformes en un sector condicionado por la precariedad salarial, supeditado a la contratación de publicidad y la supervivencia de los medios de comunicación escritos.

Superado el primer cuarto del siglo XXI, nos extraña leer una crítica que no sea una loa para quedar bien con el artista, el comisario o el museo en cuestión. Encontrar una crítica cultural fundamentada, que no plantee aspectos negativos por pura provocación, sino que señale defectos o cosas mejorables con fines constructivos, es ya casi insólito. Parece que el acceso al arte contemporáneo interesa que sea elitista. Por eso muchos críticos tratan al lector o al público como ignorante. Esta es una postura incómoda por políticamente incorrecta, y cualquiera que transgreda lo políticamente correcto, si no es para insultar a un rival político de derechas, no cumple los estándares ni del feminismo hegemónico ni de la izquierda moralista que pretende decidir quién tiene potestad sobre el arte, qué es censura y lo que conviene cancelar.

Por encima de esas cortapisas, tenemos a críticos que arriesgan de verdad, despertando amor u odio desmedido. Son los que arrojan algo de luz y esperanza en el sector, aunque rocen la provocación. Por ejemplo, el periodista cultural Ianko López tiene el valor de publicar ácidas críticas con un estilo reconocible y coherente. Por supuesto, no todo lo que escribe es negativo; de hecho, podríamos decir que mayoritariamente escribe críticas positivas de exposiciones exitosas. Pero es de los pocos en el panorama español que arriesga yendo a la contra en situaciones en las que otros se echarían atrás.

En lo relativo a las identidades de género y racializadas, Pérez Rubio ha investigado la censura ejercida por las ciencias sociales para reconsiderar el papel del cuerpo, el deseo o el placer en las culturas antiguas y cómo las entendemos a través del arte. El «saqueo colonial» creó poco a poco lo que hoy conocemos como museo moderno, según el crítico y comisario. Por lo tanto, la memoria y una noción del tiempo no tan lineal ni progresiva serían claves que estudiar desde la crítica de arte actual, ya que la herida colonial no está curada, ni mucho menos.

Oscar Wilde afirmaba en un polémico y breve texto de 1898 titulado *La decadencia de la mentira* que la verdad es enteramente una cuestión de estilo. Defendía que la «mísera, previsible y poco interesante vida humana» debe «imitar al arte mucho más de lo que el arte imita a la vida»[47]. En el fondo, lo que Wilde desmonta en ese diálogo que enfrenta el arte contra lo que llama «cruda y monótona naturaleza» es la vieja distinción entre natural y artificial. Señala que no hay nada más profundamente arraigado en la naturaleza humana que el artificio, o sea, nada más civilizado que el embuste.

Si un crítico se autocensura, acaba mintiendo, y mentir siempre está mal. Tener que dar mil vueltas a un tema para no decir lo que se quiere decir, disfrazar de elogios lo que se considera mediocre, trazar un plan para esconder la auténtica opinión y amoldarse a lo políticamente correcto para encajar es mentir. Quizá sea mentir sin maldad, pero se miente. Así que Wilde contribuye, en este sentido, al debate sobre la valoración del arte.

No obstante, para el escritor la mentira no tiene nada de malo; al contrario, resulta preferible a dejar que la verdad genere un arte con el que cueste deleitarse y una crítica amarga. Para Wilde, cuando se fomenta que el artista renuncie a la búsqueda de belleza en sus obras y se focalice en la verdad, se está sacrificando una de las capacidades más extraordinarias del ser humano: la de transformar la realidad. Desde su punto de vista, crear significa urdir fabulosas mentiras para convertir el mundo en un lugar donde predomine el disfrute. No olvidemos que Wilde era un gran hedonista. Por lo tanto, el realismo le horripilaba; en su opinión, había que dejar de imitar a la naturaleza o de basarnos en nuestra cotidianidad. El activismo y la crítica social desde el arte no le convencían.

Tal vez esa postura fuese simplemente uno de sus muchos y fructuosos intentos de provocación, ya que fabular siempre ha sido más rentable que tratar de relatar la realidad. Lo cierto es que Wilde se vio forzado a practicar la autocensura por pura supervivencia en diferentes etapas de su existencia. Es innegable que él mismo retrató a la sociedad de su tiempo con carácter crítico sirviéndose de la ficción, algo que muchos artistas actuales practican. En cuanto a la crítica de arte, tampoco está exenta de autocensura ni de provocación fantasiosa. En efecto, la fabulación entra en juego al maquillar la realidad cuando se quiere criticar para provocar.

Hemos visto que algunos críticos de arte actuales abusan de la ofensa gratuita y la hostilidad manifiesta con la finalidad de ganar

---

[47] Cfr. O. Wilde, *La decadencia de la mentira,* Barcelona, Acantilado, 2014.

lectores, que se traducen en seguidores y en una fama lucrativa por vías menos ortodoxas que la prensa especializada, como son las redes sociales y plataformas de entretenimiento en las que se monetiza la polémica. Recordemos que, sin tacto, nuestro propósito de hacer entender o transmitir correctamente un mensaje va a carecer de sentido y no va a servir para nada. Acaparará la atención por unos momentos, desatará algunas risas maliciosas, pero nada más. Porque una opinión lanzada en el tono o momento incorrecto obedece más al deseo de imponer la propia perspectiva que al anhelo profundo de expresar un punto de vista que enriquezca al otro. El caso del ya mencionado Peio H. Riaño es paradigmático en cuanto a crítica cultural tendenciosa. Agitaba las redes con sus artículos mordaces y su particular lucha contra la institución museística. Jaleaba a los activistas que atacaban obras de arte famosas para hacer más visibles sus causas, humillaba a unos y otros en función de sus gustos, de si había sido invitado a tal evento o no, y una serie de prácticas bastante cuestionables. Sin embargo, había tejido durante años una serie de relaciones con otros agentes culturales de reconocido prestigio, profesionales al frente de ferias de arte, galeristas, críticos, artistas y celebridades que lo apoyaban incondicionalmente. A base de ensalzar el trabajo de todos ellos en los medios para los que el periodista trabajaba, se ganó sus favores, y su reputación parecía inapelable. Resultaba muy llamativo que, en algunos grupos, se compartiesen casi con temor malas experiencias y opiniones sobre su modo de proceder, que existiera un conocimiento de sus malas prácticas en el sector pero nadie se atreviera a alzar la voz.

Instrumentalizar a los medios de comunicación y a los comunicadores es una práctica más habitual de lo que cabría esperar y, cuando se extiende, es complicadísimo desmontarla. Hemos hablado ya en varias ocasiones de las redes clientelares; el clientelismo y las puertas giratorias hacen mucho daño a la crítica cultural, porque el simple hecho de que se den y se sepa que están ahí le resta credibilidad. No obstante, decíamos que el caso de Riaño es paradigmático por arquetípico de estructura de poder al servicio de unos intereses muy concretos, pero también por su deriva ejemplificante. Él se concebía a sí mismo como adalid del periodismo del futuro, y la impunidad con la que se movía en el ámbito periodístico lo llevó al límite.

Todo saltó por los aires el verano en el que parecía que se despertaba un *#MeToo* entre el periodismo español. En agosto de 2023, España se coronaba campeona del Mundial Femenino tras derrotar 1-0 a Inglaterra en una histórica final disputada en Sídney. La selección española, apodada «La Roja», venció con un gol marcado por la lateral izquierda Olga Carmona en el minuto 29 de un partido intensamente disputado. Pero el protagonismo no fue para las jugadoras, sino que recayó en el beso no consentido que Luis Rubiales, entonces presidente de la Real Federación Española de Futbol, estampó a la capitana Jennifer Hermoso ante millones de espectadores atónitos. En pocas horas la etiqueta acuñada por las compañeras de Hermoso, *#SeAcabó*, corrió como la pólvora por las redes, ya no sólo como muestra de solidaridad con la jugadora y el resto de jugadoras, sino como grito de denuncia de cualquier abuso machista.

Apenas unos días más tarde de viralizarse, *#SeAcabó* adoptó un nuevo cariz cuando la periodista Sara Brito hacía pública en su página de la red social Facebook los abusos a los que se había visto sometida en el contexto del periodismo cultural. Brito explicaba que había mantenido una breve relación con Peio H. Riaño al coincidir en un periódico trabajando y que sufrió un terrible maltrato por su parte, abuso de poder mediante. «Después de que se acabara la relación, y sobre todo cuando pasó a ser redactor jefe, empezó un maltrato que fue tornándose constante, con gritos y humillaciones en medio de la redacción. Ejerciendo su poder desde la burla, la humillación pública y la falta de respeto», describía. La relación asimétrica revelaba, a través de su relato, un presunto comportamiento inadecuado en el proceder habitual del periodista. Aun así, las primeras reacciones de sus allegados fueron desacreditar a la víctima. Sin embargo, pronto borraron los mensajes de apoyo a Riaño y tomaron distancia como si no lo conocieran, como si no se hubieran sentado nunca a comer en la misma mesa y, presuntamente, a decidir a quiénes encumbrar o machacar en un momento dado. La cancelación llegó a Riaño porque Brito no fue la única víctima que habló, aportando gran cantidad de detalles que dotaban de credibilidad a su testimonio.

El paso de Brito por la sección de Cultura de un periódico nacional de izquierdas con Riaño como jefe había sido un calvario. Denunciaba que la situación, que duró varios años, destruyó su autoestima y sus nervios. Hasta tal punto que decidió compartirla mediante una carta en la que reclamaba el apoyo de sus compañeros y compañeras. Sólo firmaron mujeres. «Mis compañeros hombres me dijeron que reconocían la situación, pero que no querían meterse en problemas», aseguró Brito. Después de aquello, buscó el respaldo del Sindicato de Periodistas, pero la empresa editora del periódico anunció un ERE voluntario y ella decidió acogerse para salir de ahí.

Pocas horas después, cuando el texto de Brito se había hecho viral y el nombre del presunto acosador era tendencia en Internet, la también periodista Noemí López Trujillo se sumaba a la denuncia. A ambas les indignaba sumamente que Riaño escribiera sobre feminismo, dándoselas de apoyar a las mujeres y a las buenas prácticas en el mundo del arte. Un posicionamiento que tomaban por hipocresía, dados los hechos, además de sintomático de una problemática silenciada por demasiado tiempo. «Hoy, una periodista llamada Sara contaba cómo la había acosado su jefe. Enseguida supe que hacía referencia a ese hombrecillo del ámbito cultural que escribe sobre la ausencia de las mujeres en los museos y que también me acosó a mí en 2015/2016», escribía López Trujillo. Procedió a dar detalles en torno al tono lascivo y amenazante con el que el periodista la había interpelado cuando ella vivía sus comienzos profesionales, estando en desventaja y con miedo a perder el trabajo. «Me consideraba de su propiedad», añadió.

Otras escritoras se solidarizaron con las víctimas y se pronunciaron públicamente. Lucía Etxebarria afirmó al respecto en la red X, antes Twitter: «Estoy flipando, leyendo a cierto juntaletras de muchísimo renombre que se las da de aliado feminista y que ahora va de abanderado de las mujeres en general y de las futbolistas españolas en particular». Porque Riaño, por lo visto, había estado apoyando por escrito a Hermoso sobre el caso Rubiales, volcado en la cultura de la cancelación. Toda una ironía que acabase cancelado él, dando de baja sus perfiles en redes, encontrándose con que los medios prescindían de sus servicios, la venta de sus libros caía en picado y sus incondicionales miraban para otro lado. Ha desaparecido de la vida pública en la actualidad y nadie quiere con él ningún tipo de vinculación en el mundo del periodismo cultural.

¿Fue justo lo que le ocurrió a Riaño? No hubo denuncias por la vía legal que se sepa, únicamente testimonios en redes, seguidos de lo que podría llamarse un *linchamiento*. Tampoco hubo artículos que incitasen a una reflexión crítica sobre el tema. Este tipo de personajes nunca se sabe cuándo pueden volver a aparecer y en qué forma. Son capaces de reinventarse y salir de neuvo a escena. Subestimarlos sería un tremendo error, igual que pensar que se puede fomentar la cancelación y ser inmune a ella. ¿Qué hay de la presión social? Él la ha sufrido, pero recordemos que, antes, las víctimas y quienes habían observado los abusos en la distancia sin decir nada se autocensuraron por miedo a las represalias. Brito, que continuó con su carrera tras una dura etapa en el ojo del huracán por esta historia, finalizaba su escrito explicando que no se había pronunciado antes porque vivía sintiendo que eran cosas que tenía que soportar para no perder el puesto de trabajo y que estaba normalizado, pues «periodistas de una redacción supuestamente comprometida con el feminismo lo veían como algo que debía mantenerse en silencio».

Tal vez los canales de comunicación del siglo XXI hayan calmado la necesidad de autocensura entre los profesionales de la cultura más vulnerables, porque ahora tienen su altavoz a mano y una audiencia ávida por escuchar. Tanto si la predisposición a la escucha responde a un aumento de la responsabilidad ciudadana, la sororidad o el gusto por el cotilleo, la sed de sangre en los nuevos foros públicos debería preocuparnos, y pre-ocuparnos en sentido estricto: ocuparnos de ello anticipadamente para actuar con presteza y diligencia. La segunda mitad del siglo XX estuvo plagada de episodios de autocensura y también de cancelaciones, pero hubo múltiples reflexiones a propósito del sistema represivo. Esto generó una diversidad de discursos elaborados por intelectuales que hoy brilla por su ausencia.

2. La herencia del siglo XX en la crítica del XXI

El concepto de autonomía flexible regía la crítica hace tres o cuatro décadas. ¿Qué ha sucedido desde entonces? Por supuesto que ninguna postura crítica es imparcial, pero sí ha de estar fundamentada, valientemente defendida y justificada. Cuando los pormenores se examinan y se toma un camino distinto al general, entrados en el siglo XXI eso se interpreta como un gesto de disidencia, una traición al propio sistema, y la disidencia se castiga.

Algunos críticos acostumbrados a generar polémica parece que escapan a la norma, pero el tipo de polémica que se extiende para provocar y, por ejemplo, activar interacción con una página web, un perfil de red social o una plataforma que traduzca esas interacciones en ganancias, está totalmente adaptado a lo normativo. De hecho, la provocación sistemática ya no implica, en sentido estricto, una transgresión. Ahora una corriente de negatividad controlada, que no conlleva críticas negativas con fundamento, hace un ruido constante en los entornos digitales. Por lo visto, está científicamente demostrado que prestamos más atención a las experiencias negativas y les damos más peso psicológico que a los hechos neutrales o positivos. Ese patrón motiva a muchos comunicadores a explorar formas de acumular visualizaciones insultando o ridiculizando. Se ha convertido en un valor seguro, así que no requiere ninguna valentía instalarse en tales dinámicas. En realidad es ir a lo fácil: entrados en este siglo, la crítica burda y destructiva vende casi tanto como el halago desmedido. Lo menos comercial es lo realmente reflexivo, que el prejuicio no se adelante al juicio y se ofrezca un punto de vista honesto.

El crítico cultural, especializado en cine, Hilario J. Rodríguez confiesa en su ensayo *Nostalgia del futuro. Contra la historia del cine* que, cuando emite sus juicios, tiende a despreocuparse de su criterio de verdad o falsedad, y otorga a las obras de arte «esa autonomía que les supuso David Hume al asumir que, cualquiera que sea nuestra actitud con respecto a ellas, encontrarán su camino hacia el futuro aunque en el pasado fueran menospreciadas y en el presente vivan en el olvido»[1].

Preguntado acerca de si la voz ha sustituido al estilo, en una entrevista de Julio José Ordovás para la revista *Clarín* en 2008, contaba: «Hoy vivimos más un mundo de voces. Se ha impuesto otro tipo de perspectiva. Y la gente cree que la literatura es más fácil que nunca, pero de eso nada. Precisamente es más difícil porque no habíamos prestado atención a las voces que ahora cobran protagonismo y que nos cuentan cosas cuyo sentido e importancia no somos capaces de descodificar»[2]. Quizá tuviese razón y, además, estuviera vislumbrando el futuro, porque hoy día la visibilidad y la relevancia no tienen tanto que ver con promover el pensamiento como en la segunda mitad del siglo XX. Y, aunque dispongamos de una tecnología avanzada que nos conecta, cuesta conectar ideas, puesto que tenemos menos herramientas para el pensamiento crítico. Esto afecta, por supuesto, a la crítica cultural y a las tendencias del ámbito artístico.

Hay que investigar el pasado para ver por qué la crítica de arte actual es como es; por encima de todo es aparentemente plural, pero si en realidad lo es y de dónde viene esa pluralidad es un asunto en el que ahondar. Quizá el hecho de compaginar crítica y labor curatorial se repita tanto porque contamos con antecedentes que lograron cierto equilibrio de forma muy excepcional. Por ejemplo, en el caso de Carmen Jiménez. Ella es una conservadora y comisaria de arte española considerada de las más importantes en la escultura modernista. Ha escrito mucho y lo que hizo durante el siglo pasado fue posicionar a los artistas españoles en el extranjero a través del comisariado y la crítica de arte. Si no unía esas dos labores, sus esfuerzos hubieran tenido menor efecto. No obstante, consideramos que esto resulta casi imposible de extrapolar a otros tipos de arte, en especial, el conceptual.

[1] H. J. Rodríguez, *Nostalgia del futuro. Contra la historia del cine,* Murcia, Micromegas, 2016, p. 176.
[2] Consúltese [https://revistaclarin.com/290/hilario-j-rodriguez-dj-de-cine-y-literatura/].

En el libro *Arte conceptual revisado,* que coordinaron Juan Vicente Aliaga y José Miguel García Cortés en 1990, estos entrevistan, entre otros, a Simón Marchán Fiz, a quien preguntan qué entiende por «arte conceptual» y si existe alguna diferencia con el término *conceptualismo.* De su respuesta se deduce que el conceptualismo es una derivación basada en el carácter de tendencia, vinculado a la historia de los ismos en el arte del siglo XX; el arte conceptual, sin embargo, tiene que ver con su propia raíz, con la palabra *concepto.* Señala Marchán Fiz que, desde la filosofía analítica, es indudable e incluso acientífico hablar de definiciones estéticas. Una proposición contiene un significado si es verificable por un método empírico y, dado que las definiciones estéticas no poseen una validez objetiva, sería inviable definir el conceptualismo. Se necesita tener en cuenta, para tratar de definir algo, especialmente en relación con el arte, cuál es el momento histórico en el que se produce el debate, es decir, habría que contextualizarlo. Al mismo tiempo, si el concepto es todo aquello sobre lo que se puede formular proposiciones, apunta que hay que «tener en cuenta que el espacio de la inseguridad es característico y pertinente en lo artístico»[3]. A lo que suma: «En más de una ocasión se ha planteado que con el arte conceptual culminaba la vertiente analítica del arte moderno. A mí me parece que esto es cierto, pero posiblemente insuficiente. Cuando apareció la pintura cubista, algunos críticos la definían como una pintura conceptual, durante mucho tiempo se ha discutido el carácter conceptual o perceptible de la misma, pero es sugerente saber que a través de todo el siglo XIX y XX se han distinguido, en ciertas estéticas y críticas, dos actitudes ante el arte; se ha hablado del *arte de concepto* en la acepción más racionalista de este término y del *arte de reflexión*»[4].

Conforme avanza el siglo XX, aquello que se denomina arte conceptual va teniendo mucho más que ver con la reflexión que con una acepción racionalista. Se despliega la escritura en torno a ese arte como una manera de reflexionar. Porque la categoría de «reflexión» va pareja al descubrimiento o entendimiento metafísico del arte como lenguaje, al retorno del arte como lenguaje desde el

---

[3] J. V. Aliaga Espert y J. M. García Cortés, *Arte conceptual revisado,* Valencia, Universidad Politécnica de Valencia, 1990, p. 41.

[4] *Ibid.,* p. 43.

Romanticismo. Es una visión benjaminiana, ya que Walter Benjamin consideraba que la tesis central del Romanticismo es el arte como el «médium» absoluto de la reflexión. Un estado reflexivo crónico por el que la crítica se aproxima al problema de lo sensible y de la forma en las artes para acabar fijándose actualmente más en los procesos.

Las relaciones entre estética y moral son complicadas y a menudo llevan a confusión. Cabe repensar las categorías estéticas, y el crítico Rafael López Borrego lo hace con una admirable lucidez en su ensayo *Las categorías estéticas. De lo bello a lo grotesco* cuando sostiene que «la búsqueda de una armonía definitiva y de la duración eterna ha pasado a ser caracterizada como un empeño vano y desaconsejable. Los valores son valores en la medida en que son aptos para su consumo instantáneo *in situ*. Los valores son atributos de experiencias momentáneas»[5]. A esto añadimos que el arte del siglo XX ha afectado profundamente a las categorías de la estética idealista, que, sin embargo, se propone como marco teórico adecuado para la comprensión del arte actual, según ya apuntaba el crítico Peter Bürger en su *Crítica de la estética idealista*[6].

El problema de cuando nos sumergimos en lo conceptual sin ver más allá es que pasamos radicalmente del aura de Benjamin a la muerte del autor de Barthes. Erróneamente reducido en el torbellino del conceptualismo por profundizar en la polémica idea de «la muerte del autor», el libro *Del arte objetual al arte de concepto*[7], escrito por el mencionado Simón Marchán, aporta una mirada sobre la difusión del arte contemporáneo que se ha extendido desde la década de 1970 hasta la actualidad. Cuando lo escribió, Marchán ya había presentado su tesis sobre el *Análisis fenomenológico de la pintura moderna*, de ahí que analizase con esmero la confrontación entre el arte de Europa y América, entre el expresionismo abstracto y el realismo socialista, o la abstracción postpictórica y el pop art que, a su parecer, abrieron camino al minimalismo, puente hacia el arte conceptual.

---

[5] R. López Borrego, *Las categorías estéticas. De lo bello a lo grotesco,* Amazon, 2023, p. 25.

[6] P. Bürger, *Crítica de la estética idealista,* Madrid, Visor, 2023.

[7] S. Marchán, *Del arte objetual al arte de concepto,* Madrid, Akal, 2012.

Llega un momento en el que, conforme se consolida una obra, parece que la autoría va difuminándose. Esa idea seducía bastante el siglo pasado, pues las obras, dejando al margen a sus autores, se convertían en patrimonio cultural libre, y ahora retorna gracias a la reproductibilidad técnica, entre copias digitales, proyectos colectivos sin firma a través de las redes y piezas creadas mediante inteligencia artificial (IA). Pero la muerte del autor trae consigo la muerte del artista y del crítico, figuras representativas de la autoridad hasta que son desplazadas por la del comisario o curador de exposiciones, cuya labor, curiosamente, suele compaginarse con las otras dos. Esto lo plasma el crítico colombiano Ricardo Arcos-Palma en su artículo «De la muerte del autor a la muerte del artista: reflexión crítica para un debate en torno a la figura del autor», publicado en 2007 por *Revista Calle 14,* cuando dice que «el arte postmoderno, completamente textual, utiliza varios mecanismos y estrategias artísticas, como el de la apropiación y la citación. Es decir que buena parte de la producción artística contemporánea está dentro de la noción de interpretación»[8].

William Deresiewicz nos descubre, en pleno siglo XXI, que la mayoría de los artistas viven esclavos de la interacción en redes para una mayor visibilidad, tan preocupados por su público que a menudo se descuidan a ellos mismos y agotados porque el viejo sistema ya no funciona porque tal vez nunca fue el ideal. Siempre ocupados y tratando de ser productivos, es prácticamente imposible cultivar una mente creativa, por eso el autor reivindica que «los artistas necesitan espacio, pero sobre todo necesitan tiempo. Tiempo no para ser productivos, sino para ser improductivos: tiempo desestructurado y abierto. Tiempo para jugar; tiempo para tomarse todo el tiempo que necesiten»[9]. Según Deresiewicz, el ritmo de la vida contemporánea lleva a no tener tiempo para el tiempo porque es una vida demasiado cara. Lo que cuesta el acceso a la vivienda y a la tecnología en Estados Unidos, y también en otros países, conlleva que, para permitirse vivir del arte, la mayoría debe estar pluriempleada.

---

    [8] Consúltese [https://revistas.udistrital.edu.co/index.php/c14/article/view/1176/1551].

    [9] W. Deresiewicz, *La muerte del artista. Cómo los creadores luchan por sobrevivir en la era de los billonarios y la tecnología,* Madrid, Capitán Swing, 2021, p. 143.

Esas limitaciones hacen que la primera utopía pensable sea un espacio lejos de los mapas del dinero, de la burocracia y de los promotores inmobiliarios, o sea, un lugar que no haya sido mercantilizado y, por lo tanto, se halle en un orden de tiempo posible gracias a un orden de dinero diferente. Pero el orden de valores actual impide incluso la construcción imaginaria de tal lugar, considerado por Deresiewicz tan deseable como bohemio. Afirma que «la economía del siglo XXI significa internet y todo lo que ha provocado, para bien y para mal, pero también significa gastos de alquiler, de vivienda y estudio, que aumentan a toda velocidad por encima de la inflación»[10]. Significa competencia y flujos de capital globalizados para todos los agentes culturales. Podría esgrimirse que ser artista siempre ha sido difícil, pero la diferencia respecto al siglo XX es que ahora resulta difícil incluso habiendo alcanzado cierto éxito, «llegar a oyentes o lectores, ganarse el respeto de críticos y compañeros, trabajar de forma constante y a tiempo completo en su campo»[11]. La herencia del siglo XX es positiva en muchos aspectos, pero trae deudas que también pasan a formar parte del legado y se suman a las problemáticas del presente.

RETINIANOS O CONCEPTUALISTAS: DUCHAMP SIGUE PRESENTE

Del siglo XX, la crítica de arte hereda el debate sobre si lo conceptual es cualquier cosa, banalizando la creación artística, o está a la altura de las creaciones convencionales. Esto a partir de la idea de confrontar el conceptual como crítica del arte retiniano, esto es, el tipo de arte que, según Marcel Duchamp, es interpretado por la retina y no por la mente. El célebre artista, que ejerció una fuerte influencia en la evolución del Dadaísmo, demostró que es posible hacer arte con la crítica al mismo arte.

La crítica se desliga de las consideraciones formales de la obra y se centra en otros aspectos que se van hacia lo conceptual en la segunda mitad del siglo XX. Así, poniendo en entredicho los cánones tradicionales de la estética clásica, en lo concerniente al con-

---

10 *Ibid.,* p. 17.
11 *Ibid.*

cepto de arte, Duchamp preparó el camino para la consolidación del arte conceptual, elevando el objeto cotidiano a categoría de arte y cambiando radicalmente la idea de belleza. Sin embargo, el menosprecio que Duchamp mostraba por el arte retiniano es proporcional al que muestran en la actualidad por lo puramente conceptual críticas como Avelina Lésper. Según ella, el arte moderno es segregacionista porque, si una obra no gusta, todos alrededor presuponen que es que no está siendo comprendida. Por ello, Lésper habla de fraude, mediocridad, incompetencia y esnobismo, emulando la radicalidad de Duchamp pero a la inversa, con cien años por medio.

Cuando la prensa se hizo eco de que Damien Hirst falsificó la fecha de sus esculturas de animales en formol para hacerlas pasar por originales de los 90, cuando en realidad datan de 2017, el artista británico respondió que la fecha relevante en el arte es la del momento en que nace el concepto. Science Ltd., la empresa de Hirst, lanzó un comunicado en 2024 explicando que las obras tratadas con formaldehído son obras de arte conceptuales y la fecha que Hirst les asigna es aquella en la que las concibió. Para él, lo importante no es la creación física del objeto, sino la idea que hay detrás de la obra. Esto fue tomado como una especie de traición en el sector, sobre todo porque afectaba no tanto a los valores artístico como a los del mercado.

Para Hirst, el género de los animales disecados resultó un punto de inflexión en su carrera. En *Madre e hijo divididos* hay una vaca y un becerro abiertos en canal, divididos en dos mitades cada uno y conservados en formol. Con esa obra, considerada por la crítica en su momento como una imagen metafísica de extrema crudeza, el artista ganó el premio Turner de 1995 y obtuvo un prestigio internacional inapelable, pues parecía que estaba realizando algún tipo de denuncia sobre el maltrato a los animales o a la industria cárnica. Sus temas recurrentes, como son la vida, la muerte, la belleza o la ciencia, han convertido su trabajo en objeto de numerosas investigaciones y hasta inspiró uno de los libros más vendidos sobre arte, *El tiburón de 12 millones de dólares. La curiosa economía del arte contemporáneo*, escrito por Don Thompson en 2009.

Lejos de comprometerse con la causa animalista, Hirst estuvo comprometido con el capital desde el principio, y su búsqueda de interés mediático va ligada a la necesidad de crecimiento económico y especulación en torno al precio de sus obras, de dudosa factura. Una de las anécdotas en torno a su pieza del tiburón en formol es que se deterioró notablemente desde su exhibición inicial gracias a Saatchi; entonces el artista trató de poner un anuncio en el que ofrecía dinero a quien pescara un tiburón de la misma especie y tamaño para «reparar» o «restaurar» la obra, en definitiva, reemplazar al animal. Esto desató las protestas de asociaciones relacionadas con los animales y también la crítica en torno a la calidad de su trabajo, además de despertar dudas sobre sus intenciones, ya que su posible valor conceptual no se sostiene y las piezas de Hirst parece que sólo tienen el valor que el mercado les asigna.

Lo que Todorov nos dice en su obra *Crítica de la crítica* es que, en cierto punto, la pintura –y por extensión el arte– ha llegado a enfrentarse a la propia cultura. Esto comienza con Duchamp y su arte conceptual, donde el valor de la obra ya no está sólo en su estética, sino también en su idea y, lamentablemente, en su posición en el mercado. Sanguineti, por su parte, afirma que las vanguardias buscaban romper con esa mercantilización, pero al final se volvieron parte del mismo sistema comercial que querían evitar. Sin embargo, tanto Duchamp como Warhol, con su Pop Art, no son meros productos del mercado, ya que sus obras tienen una carga crítica y conceptual que sigue siendo relevante. Según Hal Foster, la vanguardia siempre vuelve, desde el futuro, como una fuerza que nos reubica en el presente, dándonos nuevas formas de ver el arte.

Hal Foster es uno de los críticos y teóricos de arte más influyentes de la segunda mitad del siglo XX, conocido por su aguda capacidad de analizar la neovanguardia y su relación con la repetición de paradigmas. Su obra destaca por entrar en diálogo con perspectivas como las de Peter Bürger, profundizando en debates sobre cómo las vanguardias se reinventan y cómo ciertos movimientos artísticos retoman y transforman ideas del pasado para el contexto contemporáneo. Foster no sólo examina estos ciclos de repetición, sino que también explora la importancia de la crítica dentro de la historia del arte. Para él, la concepción hegeliana en la historia del arte justifica los retornos históricos, porque en las artes visuales funciona una dialéctica de la modernidad que cuestiona los límites de la concepción de la obra de arte, su contenido y calidad, de un modo casi circular. Foster se pregunta cuál es el lugar de la crítica en una cultura visual administrada por agentes de promoción y un mundo mediático de entretenimiento, en medio de una lucha entre derecha e izquierda. En *El retorno de lo real*[12], escrito durante los años noventa, el autor llegaba a la conclusión de que la crítica se refugia en lo académico universitario y ha perdido la fuerza de influir para construir una esfera pública crítica. Pero reivindicaba, por eso mismo, la urgente necesidad de que los críticos no se vendan a la industria cultural y de asumir que la teoría crítica es inmanente al arte innovador, porque el arte tiene una dimensión teórico-crítica que no debería abandonarse, que está por encima del mercado.

Por su parte, Cuauhtémoc Medina, crítico de arte, comisario e investigador del Instituto de Investigaciones Estéticas de la Universidad Nacional Autónoma de México, es desde marzo de 2013 curador jefe del Museo Universitario de Arte Contemporáneo (MUAC). Así pues, está a ambos lados del sector artístico, la crítica independiente y el trabajo en la institución, algo que hemos insistido en que es muy complicado de llevar a cabo con rigor; por eso importa destacar los casos en los que se consigue con éxito. Medina, para quien el arte es significativo socialmente, reflexiona de manera fundamentada sobre el contexto de la producción y la recepción de la cultura del presente a través de textos críticos, ensayos y proyectos curatoriales.

Preguntado por los ritmos del mercado del arte y las ferias en una entrevista para la revista digital *La Santa Crítica* que le realizó Samuel Bossini en 2018, Medina explicaba:

> En una etapa de capitalismo avanzado y bajo el imperio creciente de una plutocracia global, ciertamente una de las condiciones de la producción artística es el desplazamiento de los sistemas localizados de galerías comerciales y enclaves de producción depauperada, por un sistema global de comercio que tiene en las ferias de arte su núcleo principal. En la medida en que ese desplazamiento ocurre, a la vez, en el desarrollo de los circuitos de exhibición institucional y críticos del arte contemporáneo, y una multitud de iniciativas no comerciales e incluso anti-comerciales, plantean un campo de tensiones y batallas muy particular, que han hecho de la práctica artís-

---

12 H. Foster, *El retorno de lo real,* Madrid, Akal, 2001.

tica un territorio clave de la cultura bajo el capitalismo. Llamar peor o mejor ese sistema, respecto a cualquier otro, nos desliza de inmediato hacia una discusión que creo del todo inútil, casi equivalente a preguntar si al arte le hizo bien o bien su ingreso al comercio burgués a mediados del siglo XIX, o la interferencia académica estatal de las comisiones del periodo neoclásico. Uno puede comparar el funcionamiento de esos sistemas desde un punto de vista sociológico y crítico, y el modo en que esas condiciones definen aspectos de las obras, y de las operaciones críticas de los artistas. Pero establecer un valor a esas épocas es una operación que sólo tendría caso para alguna clase de política reaccionaria[13].

Duchamp sigue presente, y lo está en ejemplos de artistas actuales cuyos trabajos parten de la integración del utensilio común en la obra de arte y fusionan escultura con pintura o *performance*. Es el caso de una artista española que despunta desde su base londinense hace una década, Rosana Antolí. Sobre ella apunta certera María José Gadea Capó, historiadora del arte y técnico del Museo de Bellas Artes de Alicante (MUBAG), lo siguiente:

La escultura de Rosana Antolí hay que entenderla como una objetualización de su pintura. Los trazos que dibuja en papel o lienzo los materializa en líneas tridimensionales que pintan el espacio e interactúan con otras piezas, equilibrando en el espacio expositivo una composición que transmite el mensaje o concepto a modo de una pintura orquestada en el que el silencio, o vacío, tiene más sentido desde el sentimiento vital de ausencia. Antolí destaca por narrar historias, ficciones que materializan sus pensamientos, pero ella no se queda con este relato personal, busca que el espectador construya el suyo propio con la experiencia de visitar la exposición, de la contemplación de cada pieza y de su tránsito entre una y otra. Aunque todo resulta como lo planeado, concede espacio a la improvisación de la *performance*, del espectador y de la serendipia del azar que en ocasiones ha moldeado su arte[14].

---

[13] Consúltese [https://lasantacritica.com/barahunda/cuauhtemoc-medina-gonzalez-una-cadena-de-afortunadas-casualidades/].

[14] VVAA, *La desmaterialización de la escultura contemporánea de Alicante*, Alicante, MUBAG, 2023, p. 107.

De hecho, en el repertorio iconográfico de dicha artista se hallan formas de repetición de acciones cotidianas que registra para la parte más performativa de su trabajo, en el que se hace patente algo tan posmoderno como la interdisciplinaridad.

El posmodernismo buscaba superar la modernidad, pero resulta sorprendente que los movimientos artísticos surgidos de este enfoque no hayan logrado presentar una propuesta estética clara ni una utopía efectiva. Agustín Fernández Mallo, en su obra *Teoría general de la basura*, menciona al escritor David Foster Wallace para señalar que los productos posmodernos carecen de coherencia. Aunque el posmodernismo ayudó a desmantelar las certezas de la modernidad, ha terminado generando una perspectiva fragmentada que intenta abarcarlo todo. Según Fernández Mallo, hoy ya no nos interesa crear relatos totales ni embellecer las ruinas del pasado; más bien, buscamos lo real en esas ruinas y cómo pueden ayudarnos a entender la realidad actual. En la sociedad de consumo actual, la dialéctica ha desaparecido, como señaló Jean Baudrillard, quien anticipó la posverdad –definida como la manipulación de la opinión pública a través de la difusión de información falsa o distorsionada que reemplaza la verdad objetiva– al advertir que la distinción entre verdad y falsedad se ha reemplazado por ilusión y apariencia. Así, nuestra sociedad se mueve a una velocidad acelerada, ocupando todo el espacio disponible: desde el mapa y los símbolos hasta las costumbres y el lenguaje[15]. Pero ¿qué es exactamente esa cosa que, acelerada, lo ocupa todo? ¿Acaso el capitalismo? Parece ser esa la respuesta obvia[16]. No obstante, Fernández Mallo echa la vista atrás para analizar el presente filtrado en términos de pensamiento posmoderno de finales del siglo xx y por eso nos lleva a Benjamin, quien en su texto póstumo *El capitalismo como religión* ya anunciaba que las estructuras de este sistema capitalista llevarían al culto al trabajo y a que el ocio sería incluso trabajar para otros. «Funciona en Benjamin la idea de que al capitalismo, al no poner la redención a la culpa, y al carecer de mecanismos de dialéctica, no le es posible construir mundo nuevo alguno; tan solo produce

---

[15] A. Fernández Mallo, *Teoría general de la basura. (Cultura, apropiación, complejidad)*, Barcelona, Galaxia Gutenberg, 2018, p. 283.

[16] *Ibid.*, p. 342.

destrucción»[17]. El capitalismo crece sin parar, sin dialéctica, y, si no hay dialéctica posible, tampoco hay uso, todo se vuelve consumo, neutralizando a la crítica.

Así, la deriva neoliberal mercantiliza lo conceptual sin ningún pudor e impera lo que José Luis Brea llamó en la primera década del siglo XXI «capitalismo cultural electrónico». Más allá de ejercer la crítica, Brea fue un teórico del arte que reflexionaba sobre el papel de la cultura visual en la experiencia contemporánea, un filósofo y comisario de exposiciones que dejó un gran vacío en el panorama del pensamiento español al fallecer de forma prematura en 2010. Se lo conoció como crítico polémico porque fue, sin duda, uno de los críticos de arte más arriesgados en el contexto español, motivo por el cual sus textos ofrecen ricas reflexiones a las que volver una y otra vez. Por la parte que nos ocupa, Brea supo identificar que, de los retinianos a los conceptualistas, lo cultural iba a volverse efímero.

REIVINDICACIÓN DE LO PICTÓRICO ANTE LA CONCEPTUALIZACIÓN DEL ARTE

En 2011, Juan Manuel Bonet en el prólogo al libro *Cómo escribir de pintura sin que se note* de Quico Rivas, escribe que al autor le fascinaba el peso de las cosas, su misteriosa y escurridiza fisicidad. A propósito de las diversas formas del arte, en la página 23 de ese mismo libro afirma: «Las modas también son pasajeras y el gusto está en perpetua mudanza. Sin olvidar el tiempo, que también pinta, inexorable en su proceso de erosión que afecta a todos y a todo o se deposita como una pátina, apagando, caso de la pintura, sus brillos. La buena pintura, sin embargo, se diría inmunizada contra los vaivenes del gusto y los estragos del tiempo. Y es en esa sorda persistencia donde reside su misterio, la garantía infalible».

La crítica Victoria Combalía destaca entre los críticos pictóricos que no rechazan el concepto de la pintura como pasado de moda o caduco. Por su parte, Pedro Alberto Cruz está en esa línea, siendo

---

[17] *Ibid.*

todavía un declarado amante de Duchamp. En torno a la pintura de Antonio Martínez Mengual[18] sentencia:

> Pese a que abstracción y arte abstracto puedan parecer en la actualidad términos obsoletos, lo cierto es que, más de un siglo después de su puesta en circulación en la terminología habitual del arte moderno y contemporáneo, ambas nociones continúan conservando su vigencia, ya no sólo porque, entre las nuevas formas de la pintura, la no-figuración ocupe un lugar destacado, sino también debido a que la complejidad semántica de ambas nociones sigue sin resolver. Las estrategias de hibridación que dominan las prácticas artísticas desde la crisis de la modernidad han erosionado los límites de los campos lingüísticos puros y tornado más difícil si cabe establecer una frontera nítida entre lo representacional y lo no-representacional. De la misma manera que la diferencia entre pintura, escultura, fotografía, cine, instalación y *performance* se ha difuminado hasta el punto de perder toda su estabilidad ontológica, así la relación entre la figuración y la abstracción con el mundo exterior ha dejado de ser una cuestión evidente y explicable a partir de determinados apriorismos[19].

En el terreno de las artes visuales, los proyectos de la vanguardia fracasaron tratando de repensar revolucionariamente el arte a mediados del siglo pasado. Eric Hobsbawm expone en *A la zaga: decadencia y fracaso de las vanguardias del siglo XX* que el motivo de tal malogrado destino fue haberse convertido en auxiliares de la mercadotecnia. Los planteamientos inspirándose en la maquinaria, incluso los de corte futurista, además de cierta limitación técnica son los dos inconvenientes principales que señala el autor: «Y es que no había ninguna lógica que condicionara las nuevas formas de expresión, y por ello pudieron coexistir diversas escuelas y estilos, casi todos efímeros, y los mismos artistas podían cambiar de estilo como de ropa. La modernidad reside en los tiempos cam-

---

[18] Uno de los exponentes de la generación de pintores españoles que emergió durante la Transición y los primeros años de la democracia, su obra ha tenido un carácter periférico al no ser acogida por la crítica hasta la actualidad.
[19] P. A. Cruz, *Antonio Martínez Mengual: la pintura como lugar de acogida*, Murcia, NewCastle, 2023, p. 14.

biantes y no en las artes que tratan de expresarlos»[20]. A lo que añade: «La historia de las vanguardias visuales del siglo XX es la lucha contra la obsolescencia tecnológica»[21].

Hobsbawm considera que la crisis de las artes visuales fue de una especie distinta a las que afectaron a las demás artes en el siglo XX, porque, por ejemplo, la literatura nunca renunció al uso tradicional del lenguaje pese a que hubiera bastante experimentación, si bien breve y compatible con la continuidad técnica. También en la vanguardia musical hubo una ruptura con el lenguaje del siglo XIX, pero el grueso del público permaneció fiel a los clásicos, incorporando las novedades con normalidad. Sobre la pintura se detiene:

> Tan sólo en las artes visuales, y especialmente en la pintura, desapareció prácticamente de la vista la que entonces era forma convencional de mímesis, el arte de salón del siglo XIX, como atestigua la caída casi en picado de los precios en el mercado de arte de entreguerras [...]. La cara de la pintura de vanguardia es que se convirtió en el único arte viviente que quedaba, pero la cruz es que al público no le gustaba. La pintura abstracta no empezó a cotizarse a precios elevados hasta la Guerra Fría cuando, por cierto, se benefició de la hostilidad que Hitler y Stalin habían mostrado hacia ella. Y así se convirtió en una suerte de arte oficial del «mundo libre» contra el «totalitarismo»: curioso destino para los enemigos de los convencionalismos burgueses[22].

La reivindicación de lo pictórico ante la conceptualización del arte se da como reacción al desarrollo del *perfomance,* el videoarte y, en general, el arte conceptual a lo largo del siglo pasado, y a los elementos que provocan la desmaterialización del objeto artístico. Ante la perspectiva de que dicho objeto se evaporase, entendiendo que lo material era lo vendible, el mercado del arte identifica cómo riesgo para los intereses económicos la deriva conceptual. Confrontar y cuestionar la idea de producir obras de arte tradicionales no desplaza a la pintura contemporánea en realidad. Como el tiempo

---

[20] E. Hobsbawm, *A la zaga: decadencia y fracaso de las vanguardias del siglo XX*, Barcelona, Crítica, 1998, p. 14.
[21] *Ibid.*
[22] *Ibid.,* p. 23.

ha ido demostrando, la falta de fisicidad del arte no lo hace escapar a las dinámicas del mercado. O sea, por efímera o virtual que sea una pieza, hoy día es susceptible de ser objeto de especulación. No obstante, han sido los pintores quienes más han puesto de manifiesto que la obra de arte debe apreciarse por encima de lo mercantil. Mientras que unos reivindican la armonía de colores y formas en la pintura por considerarla así de cierta pureza y con mayor salida al mercado, otros apuestan por la gestualidad abstracta, que no ha de ver con la tradición de la composición clásica, sino con la reestructuración del trabajo pictórico acorde a la vorágine del siglo XX. Una obra de arte no alberga lección alguna de por sí, es lo que defendía Gerhard Richter a mediados del siglo pasado, pues un cuadro se presenta a sí mismo como lo confuso e ilógico. A propósito de la producción pictórica del artista Yago Hortal, Günter Baumann dice:

> Nuestros hábitos de percepción nos conducen de manera involuntaria a reconocer cosas, De hecho, en algunos de los cuadros la pretensión de nuestros ojos es precisamente la de redondear las gotas, en otros la costumbre de asociar evoca formas y paisajes, fenómenos esféricos o cosas parecidas; otras obras parecen estar pintadas desde la perspectiva de un astronauta, por ejemplo cuando por debajo de un remolino de colores sin forma surge algo que se asemeja a un lago, oscuro y profundo, que sale de las grietas de una masa continental, como una vista desde un satelite en su órbita. Por supuesto que Hortal no ha ideado todo lo descrito anteriormente de forma intencionada, sin embargo considera que los pensamientos son lo suficientemente libres como para consentirlo[23].

Por lo tanto, añade el poeta, crítico y comisario Carlos Jover en torno al mismo artista:

> La pintura no se encuentra cerrada, como algún agorero ha podido lamentar erróneamente en los últimos tiempos, a la incorporación de nuevas técnicas arribadas de la mano de la aparición de nuevos materiales. […] La expansión del color, protagonista de

---

[23] VVAA, *Yago Hortal. Pintures 2006-2011*, Àrea 1, Palma, Casal Solleric, 2012, p. 53.

la obra de Yago Hortal, a través del espacio, más allá de la superficie del lienzo, es una consecuencia lógica de su planteamiento compositivo de raíz, y su materialización física ha sido facilitada por determinados productos industriales de última generación[24].

¿Qué interés puede tener la crítica en abordar la obra de arte en el marco de la industria cultural? El objeto de dicha industria es la producción, promoción y difusión de bienes y servicios culturales y creativos, incluido el sector económico que abarca lo simbólico, la expresión sensible y la estética. Así es como se entiende en la actualidad, pero Horkheimer y Adorno ya se refirieron a la industria cultural en la década de 1940 como la alienación producida por el consumo de cultura convertida en mercancía. Esta visión filosófica y menos romantizada del mercantilismo del arte es, quizá, la que se sostiene desde la crítica. Si bien la pintura fue la primera en verse sometida a la industrialización por su condición objetual, la escultura corrió la misma suerte, y a ellas se unieron otras artes como la música.

Atendiendo a un concepto amplio e incluyendo a todos aquellos sectores económicos que basan su actividad en productos relacionados con la creatividad, el arte o la cultura de manera industrial, hallaremos críticas que parecen panfletos publicitarios porque, en vez de proponer una reflexión honesta, se rinden ante la entidad patrocinadora. Esa es, además de una mala práctica, una estrategia de *marketing* que desacredita al crítico y que retorna el arte a la esfera elitista como producto orientado a la burguesía. O sea, la venta de obras de arte es necesaria y deseable, pero someter toda sensibilidad artística a las tendencias y exigencias del mercado sólo puede estar apoyado por la crítica si existen unos intereses económicos detrás de ese apoyo. Por supuesto, la escritura crítica conlleva unos honorarios, los escritores no viven del aire, igual que los artistas han de cobrar por su trabajo. Pero es una cuestión de ética profesional y de credibilidad no contribuir a la especulación con lo que se escribe. Lo que pasa es que, en ciertos ambientes, la escritura es también mercancía. Ese problema viene de lejos, pero se ha visto acrecentado en el primer cuarto del siglo XXI, cuando el juego del capitalismo neoliberal se les ha ido de las manos hasta a quienes se

---

[24] *Ibid.*, pp. 26-27.

creían en una esfera de poder inamovible. Es lo que tiene perder la perspectiva de la conciencia de clase y pensar que permitiendo la precarización de unos se salvarán o incluso elevarán otros.

Edoardo Sanguineti comienza su ensayo *Vanguardia, ideología y lenguaje* apuntando al problema que provoca interpretar todo arte como mercancía, o sea, «el mercado como instancia objetiva, y con el producto artístico como mercancía. Lo cual explica a la perfección el que la vanguardia sea un fenómeno que, si por un lado presenta evidentes analogías con circunstancias históricas de otras culturas, por el otro demuestra ser en su configuración última y profunda, como todo el mundo sabe, un fenómeno completamente romántico y burgués»[25]. Así, la esfera de la competencia en el mercado provoca rivalidades personales entre artistas que caen en el juego de la oferta y la demanda. Se genera una competencia desleal que en realidad no es más que una parte de ese juego capitalista cuyas normas se aceptan al entrar. De este modo se entiende la evolución de la razón comercial del arte.

La vanguardia se rebela estructuralmente contra la mercantilización estética, pero acaba precipitándose en ella. ¿Cuál es el papel del museo en este punto? La pregunta es importante, porque las grandes colecciones de pintura son fruto de adquisiciones por parte de museos. Según afirma Sanguineti en 1965, el museo en su forma inerte, cuando es aséptico o pretendidamente neutral, es enemigo del arte: «Si el museo es la expresión real de la autonomía del arte, es a la vez la expresión compensadora de su heteronomía mercantil. El arte desciende, pues, al nivel del mercado, pero de este baño saludable de rugosa realidad, de estimuladora concreción, es inmediatamente catapultado al elevado e inofensivo olimpo de los clásicos. El proceso queda envuelto en el misterio hasta tanto no se logre aferrar la totalidad de su mecanismo, hasta tanto no se comprenda, pues, que el museo tiene su específica razón de ser en la sublimación que en él se produce de toda la realidad comercial del hecho estético»[26].

Toda vanguardia lucha, en cierto modo, contra el museo. Pero el museo al que se refieren estos autores era algo muy distinto entonces a lo que conocemos ahora. En el siglo XXI, los museos

---

[25] E. Sanguineti, *Vanguardia, ideología y lenguaje*, Caracas, Monte Ávila, p. 7.
[26] *Ibid.*, pp. 11-12.

no tienen la aspiración neutral que pudieron tener en el XX, al contrario, son reivindicados como espacios de pensamiento y posicionamiento, como lugares para la transformación social. Esto desvía la atención respecto del hecho de que siguen contribuyendo a la mercantilización del arte y, por lo tanto, salvo proyectos que funcionan a modo de oasis en el desierto, las políticas culturales marcan el valor de lo artístico en términos económicos dentro del ámbito museístico. Si son espacios para el entretenimiento, se vuelven estériles; si lo son para el pensamiento crítico, se vuelven peligrosos.

Quienes regulan los precios y dirigen el consumo vuelven a dominar la escena, como vaticinara el autor: «La elite económica, mientras destruye el sentido de la existencia del arte, asume a la vez el noble rol de salvadora»[27]. Por suerte, en la actualidad existen muchos tipos de museo, aunque el mercado haya ido mutando a peor. Restituir el sentido de la obra artística por encima de todo ello debería ser uno de los objetivos principales no sólo de la crítica sino de todo agente cultural en el presente.

ARTISTAS QUE TEORIZAN SOBRE SU PROPIA OBRA

Venimos apuntando que ha habido un cambio de paradigma en la crítica de arte española entre las últimas décadas del siglo XX y las primeras del XXI. Entre 1970 y 1990, los críticos tenían cierto poder sobre la toma decisiones en materia de políticas culturales, además de contribuir al estímulo del mercado del arte. También a la fluctuación de este. Asimismo, muchos artistas cultivaban el pensamiento y la escritura en torno a su propia obra, el contexto de creación e incluso el trabajo de sus coetáneos. Esa figura del artista-crítico se fue desdibujando al adquirir una dependencia de la visión externa que llevó a mantenerse prácticamente olvidados textos tan relevantes como los del pintor y escultor Antoni Tàpies.

Desde la mitad del siglo XX, Tàpies reflexionó profundamente sobre su obra y el papel del arte en la sociedad, incluso llegó a escribir una autobiografía donde detalla las influencias que guiaron su creación y las búsquedas personales que sustentan sus obras

---

[27] *Ibid.*

más emblemáticas. En sus ensayos críticos, abordó temas políticos y se refirió a otros grandes artistas como Picasso, Miró y Duchamp. Con motivo de su centenario, se ha rescatado su faceta teórica, la cual, al revisitarse en la actualidad, resulta sumamente relevante. Este interés se complementa con las exposiciones conmemorativas programadas durante 2024, especialmente en el Museo Reina Sofía y en la Fundación Tàpies, que serán comisariadas por Manuel Borja-Villel. Estos homenajes, aunque suelen ser póstumos, son una oportunidad para reexaminar la visión artística y teórica de aquellos artistas que sentaron las bases del arte contemporáneo y de la crítica cultural.

El pintor Miguel Ángel Campano se preguntaba, a propósito de una exposición en la galería Carles Taché de Barcelona de febrero a abril de 1992, si sus obras allí exhibidas alcanzarían a concretar en un breve signo cuál era su mirada, «eso que establece la diferencia y cualifica»[28]. Perteneciente a la llamada generación de la renovación de la pintura española en la que también se encuadran José María Sicilia, Ferran García Sevilla, José Manuel Broto y Miquel Barceló, el carácter transgresor y experimental de Campano le hizo aferrarse a la costumbre de ser uno de los primeros interesados en teorizar sobre sus propias obras. Así, escribía crítica de su trabajo antes que ninguna otra persona, en un contexto en el que la mayoría de los artistas solía justificar la pintura mediante la palabra. Otros artistas dan un paso más allá y no sólo teorizan sobre su obra sino sobre su tiempo. Por ejemplo, John Baldessari se convierte en crítico de arte estableciendo un juicio sobre el pasado y un proyecto de porvenir. Esto se aprecia a lo largo de su carrera, en la que empieza pintando y termina por incorporar fotografías y textos en sus piezas, llegando a emplear vídeos y creando instalaciones en las que el peso teórico es tangible.

¿Qué es lo auténtico de cada época? ¿Se preguntan los artistas a qué podemos llamar arte? Jean Dubuffet, padre del Art Brut, dudó intermitentemente del valor del arte toda su vida, durante la cual pintó y esculpió figuras grotescas, cuestionando los límites de la originalidad o el primitivismo. Por otro lado, encontró en las creaciones de personas aisladas, ancianos solitarios, pacientes de hospitales psiquiátricos y niños criados en orfanatos, lo que

---

[28] M. Á. Campano, *La pintura y el mal,* Madrid, La Fábrica, 2020, p. 126.

consideró, con optimismo y gran atrevimiento, un arte libre del peso de las referencias culturales. Producidas en un estado primario de intensa conexión con el inconsciente, dichas creaciones supuso que exteriorizaban la subjetividad a través de un gesto espontáneo, casi irracional.

La crítica de arte, comisaria de exposiciones y fundadora de Art Press Catherine Millet afirma que la obra de arte no debe servir únicamente de pretexto a la experiencia visual, sino que tiene, además, una función de aprendizaje. El tipo de técnica que se emplea en el proceso de creación también influye a la hora de despertar una necesidad de escribir sobre el propio trabajo artístico. El caso de los artistas que practican el *performance* y el arte sonoro es particularmente interesante a este respecto. Los que no han escrito libros sobre su arte han reflexionado sobre él a través de textos críticos e incluso novelescos. Además de la hoja de sala o nota informativa que se ofrece al entrar en el espacio expositivo, los textos en vinilo sobre pared, que acompañan a las obras, y los catálogos, donde se incluyen declaraciones de cada artista en cuestión. Por ejemplo, en la exposición de José Antonio Orts titulada «Aire, agua y luz», que tuvo lugar en el Museo de la Ciudad de Valencia de febrero a mayo de 2024, el primer conjunto de piezas a modo de instalación se exhibía junto a un texto crítico que comenzaba con esta cita del artista: «Mis obras nacen en ese lugar del pensamiento en el que todas las artes coinciden. Es por eso por lo que, para ser capaz de terminarlas, necesito liberarme de modas, convencionalismos y fronteras de género, y utilizar los conocimientos y experiencias que he ido acumulando a lo largo de los años». Las esculturas de Orts son sensibles a la presencia del visitante y generan sonidos conforme se interactúa con ellas. El espectador, por lo tanto, ha de verse animado a relacionarse con las piezas de una forma específica, para lo cual resulta muy útil contar con textos de apoyo en la sala.

Tal vez el tipo de técnica influya en la necesidad de expresar por escrito cómo se está trabajando. Por eso interesa tanto qué dice de sí mismo el artista, igual que cualquier profesional del mundo de la cultura cuya obra esconde matices pocos perceptibles a primera vista. En el fondo, la crítica de arte también va de desvelar los pequeños secretos que envuelven el acto creativo, al recabar información sobre los autores que no deja de ser personal. Aunque luego se redacte un texto crítico centrado en la obra, en el resultado final y no tanto en los procesos, la necesidad de contextualizar es algo que no se pasa por alto en la profesión del crítico. No obstante, acceder a las reflexiones que han realizado los artistas en torno a su trabajo, incluso en torno al de compañeros con los que hayan coincidido y sobre los que hayan pensado alguna vez, no es una tarea sencilla. De los contemporáneos que viven y vuelcan su vida en redes sociales cabrían pensar que sí, pues tenemos la falsa ilusión de que ya todo está en internet. Pero no siempre es así.

Todavía se necesita a alguien que investigue, recopile y arroje luz con una valoración crítica, sin buscar la provocación ni ponerse frente a un aro de luz con tácticas comerciales de *influencer*, desde el ejercicio intelectual por compromiso con la cultura, sin pretensiones más allá de que el público se acerque al arte para formarse su propia opinión. La deriva tecnológica trae consigo tantos inconvenientes como oportunidades de reorientar una profesión más útil de lo que parece en la actualidad. La crítica de arte tiene la posibilidad de emplear lo digital en combinación con lo analógico, lo virtual y lo presencial, para fortalecerse en estos momentos de flaqueza. Porque sólo de ese modo habrá textos que atestigüen el trabajo artístico a partir del cual se genera, a su vez, pensamiento crítico. Es también un compromiso de futuro, especialmente ahora que tanto dependemos de formatos electrónicos que pueden desvanecerse, al mismo tiempo que la versión impresa de cualquier cosa ha quedado relegada y que hemos perdido la costumbre de escribir a mano hasta el punto de volvernos ágrafos sin un teclado delante. La comunicación no es peor que antes sino diferente y hay que saber gestionarla.

Si tenemos constancia de lo que algunos autores han escrito de ellos mismos, de su trabajo y del de otros artistas es, en gran parte, gracias a las publicaciones epistolares. En este sentido, una de las más interesantes ha sido abordada por Castro Flórez, de quien ya hemos hablado y que probablemente sea el crítico más activo y prolífico en la escena cultural española del siglo XXI. Porque, sin dejar de lado su erudición, adapta su discurso para todos los públicos y sabe llegar a los lectores aportando una combinación de datos relevantes, argumentación y gracia; cóctel perfecto para fomentar el pensamiento. En su libro *El texto íntimo: Rilke, Kafka y Pessoa* repasa correspondencia amorosa de cada autor en la que apreciamos cómo se percibe el propio trabajo creativo, establecido en la huella de los signos escritos. Las cartas que se manejan son un testimonio extremo porque «no es que las cartas sean un laboratorio literario, un esbozo de aquello que está en otra parte, sino que se muestran como sombra y suelo oscuro de la creación misma»[29]. Esas imágenes de la escritura reflejan un momento de pausa en el que se plasman los deseos, las metas y el estilo personal de cada uno.

Una parte del mencionado libro está dedicada a los pensamientos que Kafka plasma a través de su correspondencia. El grueso de la obra de Kafka salió a la luz póstumamente por iniciativa de su amigo y albacea Max Brod, quien desobedeció el deseo expresado por Kafka de que los textos fueran destruidos. Desde entonces, la importancia de este último y su condición de clásico son indiscutibles. Una de las obras a las que tenemos acceso gracias a aquella correspondencia y textos desvelados es *El proceso*, una historia sobre existencialismo que ha tenido una gran influencia en la literatura moderna. En ella, el autor explora temas como el poder burocrático, la ansiedad existencial y la lucha por la justicia en un mundo que considera irracional[30]. Dicha novela, que refleja la vida del hombre moderno, solitaria, competitiva y superflua, fue escrita entre 1914 y 1915, aunque quedó inacabada y se publicó en 1925. ¿Qué paralelismo podríamos realizar entre la visión del mundo de este autor hace un siglo y la percepción que tenemos ahora? La crítica cultural se ocupa de formular preguntas como esta e intentar elaborar una respuesta razonada.

Sobre el aspecto crítico de la creación artística, Dorfles aseguraba que no debemos olvidar «cuánto han aportado teórica y críticamente algunos artistas impresionistas (Signac, Seurat), secesionistas (Van de Velde), constructivistas (Pevsner, Gabo), concretistas (Kandinsky, Van Doesburg), etc., por no hablar del Gran Maestro de todo el arte conceptual contemporáneo: Marcel Duchamp, el verdadero iniciador de un arte donde predomina el elemento especulativo y crítico»[31]. Duchamp consiguió «desviar la semántica de la obra a ese espacio, donde percibimos y creemos encontrar un sentido»[32], según el crítico Víctor del Río.

---

[29] F. Castro Flórez, *El texto íntimo: Rilke, Kafka y Pessoa,* Madrid, Tecnos, 1993, p. 12.

[30] F. Kafka, *El proceso*, Madrid, Akal, 2024.

[31] G. Dorfles, *El devenir de la crítica*, Madrid, Espasa-Calpe, 1979, p. 21.

[32] V. del Río, «Arte de concepto como literatura», *Revista de Occidente* 381 (febrero de 2013), pp. 23.

«Es un error pensar que tanta literatura escrita alrededor de las imágenes es un efecto ajeno al devenir del arte. La teoría no es un apósito que los artistas llevan con paciencia en sus heridas. En realidad, arte moderno y estética nacen al mismo tiempo como fruto de una mutua necesidad que sólo podía saciarse con la mediación de las palabras»[33]. Explica Víctor del Río que las obras de arte consideradas conceptuales se han venido valorando tal vez con cierto favoritismo. Ello «propicia el suplemento de escrituras asociadas al registro literal, al opaco inventario de las cosas, al periodismo de su propia actividad, al juego de inadecuaciones entre las palabras y las imágenes»[34]. Trae a colación la tensión entre arte de concepto y literatura, modulada en las últimas décadas provocando una transición entre el momento neovanguardista del arte de posguerra y la posmodernidad, hasta consolidarse en la denominada «era posmedia», en la que internet es el escenario de la acción creadora y comunicativa.

¿Qué pensaría Duchamp del momento presente? Creemos que era consciente de que gran parte de su correspondencia iba a convertirse en literatura. Una de sus recopilaciones más extensas es la traducida y editada por el historiador y crítico de arte Javier Fuentes Feo bajo el título *Afectuosamente, Marcel*. Entre sus páginas se encuentran cartas que intercambió con Man Ray, comentando situaciones cotidianas durante su estancia en Nueva York, así como apreciaciones sobre los materiales que empleaba en sus obras, el mercado del arte y los procesos de creación. El 19 de abril de 1943 escribía: «He hecho y vendido algunas cajas, cuatro o cinco, pero siento que eso no sería suficiente para vivir. Lo que es verdad de las cajas sería verdad de los cuadros si los hiciese, nadie compra y todo el mundo me quiere hacer creer que podría vivir de mi pintura. ¡Menudo chantaje! Consigo vivir comparativamente con poco dinero y ese es mi único ideal. Por supuesto que estaría encantado de cambiar una caja por un juego de ajedrez. Es posible que enseñándoselo a algunas personas te venda alguno. Solo te pido un plazo para enviarte la caja, puesto que no tengo ninguna hecha por adelantado y las monto todas yo mismo. ¿Dónde está el artesanado de

---

[33] *Ibid.*, p. 24.
[34] *Ibid.*, p. 27.

París?»[35]. Duchamp lamentaba estar obligado a trabajar para existir, consciente de que no era posible vivir de otro modo sin que antes se produjera una organización radicalmente diferente de la sociedad. Se quejaba también de que el artista atrapado por la división social del trabajo no dispusiera del tiempo necesario para realizar su labor en plenitud, de la que sentir orgullo y no presiones. Esto mismo sucede con la escritura hoy día, en particular con la crítica y los procesos reflexivos en este campo.

Por su parte, Félix de Azúa en *El aprendizaje de la decepción* afirma que «la reflexión sobre la institución occidental llamada arte, institución que apenas cubre de 1760 a 1980, es decir, unos doscientos años, debiera siempre enmarcarse muy discretamente en el orden de las instituciones histórico-sociales de la burguesía, y nunca dejarla escapar a ese límite. Así, no es en absoluto cierto que *Mio Cid* o los capiteles románicos del Languedoc sean productos de la institución arte, por mucho que nosotros seamos capaces de gozar de ellos artísticamente, porque la institución no tiene ningún sentido fuera del marco inaugurado por la sociedad burguesa y el llamado moderno sistema de las artes que la Enciclopedia se encargó de divulgar. Y de tener algún sentido transhistórico, entonces nos topamos con el dilema de la *tèchne,* que sitúa el objeto de la pregunta en otro abismo distinto»[36].

La elección de determinadas técnicas y temáticas abordadas en las obras de un artista puede volverse objeto de estudio a partir de las ideas que comparta el autor, no sólo en textos redactados por él o por críticos, sino también en entrevistas que forman parte de libros. Las entrevistas transcritas con motivo de un proyecto expositivo concreto resultan reveladoras sobre cómo entiende su trabajo un artista. Pongamos el caso de Santiago Ydáñez. Durante 2010 expuso en la Fundación Chirivella Soriano de Valencia y por eso la misma editó el libro que hizo las veces de catálogo: *Lo real hecho sagrado.* En él, efectivamente había imágenes de las obras exhibidas en las salas de la fundación, además de dos textos críticos de Ricardo Forriols y Miguel Ángel Hernández Navarro. Se concibió como un catálogo, sí, pero una sección muy interesante

---

[35] M. Duchamp, *Afectuosamente Marcel. Correspondencia de Marcel Duchamp,* Murcia, CENDEAC, 2014, p. 195.
[36] F. de Azúa, *El aprendizaje de la decepción,* Pamplona, Pamiela, 1990, p. 11.

contiene la transcripción de una conversación entre Ydáñez, Forriols y otro artista, Nico Munuera. El primero es preguntado por los otros dos, crítico y pintor respectivamente. En un tono distendido, la conversación fluye e Ydáñez explica por qué empezó a pintar, cuáles son sus motivaciones y cuánto afecta su estado de ánimo al trabajo que realiza. Sin darse cuenta, acaba teorizando sobre su propia obra.

A menudo tenemos una visión parcial del trabajo de un artista, por mucho que nos guste y sigamos su trayectoria; Ydáñez explica por qué cree que esto sucede en lo que a él concierne: «Tú ves un cuadro con un sentimiento muy particular, te puede parecer una mueca. Tengo cuadros más espirituales. Otros en cambio son más teatrales, irónicos. Si ves una pieza en un entorno aislado como puede ser una feria (de hecho, hay gente que conoce mi obra de ARCO en ARCO) y lo haces de año en año, tienes una visión que no responde al trabajo del artista. Así no puedes conocer mi trabajo y creo que el de nadie. Por eso está bien esta exposición en la Fundación Chirivella Soriano. Aunque no hay necesidad de aclarar nada en cuanto a mi obra, puede ayudar a tener una visión con mayor perspectiva, más allá de lo que se dice; que si es un rostro, sólo un cuadro…»[37]. A lo que Munuera responde que a él le interesa que los cuadros transmitan emoción, dándole igual el resto de las consideraciones. Sin embargo, destaca en la obra de su compañero el manejo del color y sentencia: «Hay críticos que sólo saben decir: Ydáñez, el que pinta las caras». De modo que en el transcurso de la conversación se debate sobre creatividad, autoría, mercado del arte y crítica.

En una conversación entre la artista Mercedes Laguens y el crítico Biel Amer, publicada en el catálogo de su retrospectiva *Piel de pinturas. Obras 1995-2003* en el centro de exposiciones Casal Solleric de Palma de Mallorca, Amer realiza la siguiente reflexión: «El diálogo es, a fin de cuentas, el vehículo por el que la idea rompe la barrera de la verosimilitud para adueñarse del pensamiento y la razón. Tal vez exijamos demasiado a la palabra, pero transcribirla es un ejercicio de excesivo riesgo, porque el verbo se escapa y se

---

[37] VVAA, *Santiago Ydáñez. Lo real hecho sagrado,* Valencia, Fundación Chirivella Soriano, 2010, p. 66.

desvanece nada más hacerse vocablo, sonido»[38]. Por eso mismo despierta tanta curiosidad aquello que los artistas dicen sobre su propia obra. No obstante, lo que podemos encontrar en los intercambios epistolares tiene un orden, una estructura y un fondo más rico para la crítica que las entrevistas transcritas.

Cabría deducir por las mismas razones que el valor de la crítica de arte escrita continúa estando por encima de la divulgación en vídeo y las píldoras de crítica que encontramos en redes sociales, a pesar de que estos últimos formatos sean considerados como un servicio útil para el aprendizaje, como material didáctico y como un modo efectivo de acercar la información a todo tipo de públicos. Pero el detenimiento que requiere la escritura, el modo en el que se eligen las palabras, se piensa el lenguaje y se articula el discurso a la hora de redactar una crítica sigue siendo diferente. Así que la crítica de arte mantiene el compromiso de mediar entre el proyecto expositivo, la obra o el artista, y el público en potencia, es decir, los lectores. Si tiene un tono propagandístico, no es crítica; si se trata de un texto con ínfulas activistas, seguramente tampoco lo será, porque la crítica funciona como tal si está al servicio de la cultura y pone su foco en la creación artística.

Por concebir el arte como un servicio a la comunidad, con un marcado carácter activista, el artista y crítico Marcelo Expósito prefiere no individualizar la autoría de la obra artística. En un texto suyo de 2006 titulado «Entrar y salir de la institución: autovalorización y montaje en el arte contemporáneo» explicaba: «El trabajo artístico y cultural ha sido durante largo tiempo en el siglo pasado una actividad social extraordinaria, fuera de lo común, excepcional. Hoy día, sus características clásicas (actividad desregulada no sometida a la disciplina del trabajo fabril, énfasis en el valor de la autoexpresividad e importancia máxima otorgada a la subjetividad…) son cada vez más el paradigma de las formas centrales del trabajo en el capitalismo renovado»[39]. Así, Expósito es capaz de hablar sobre su propia obra y, con un marcado carácter político, diseccionar las problemáticas sociales que lo envuelven. También de interrogar la

---

[38] VVAA, *Mercedes Laguens. Piel de pinturas. Obras 1995-2003,* Palma, Casal Solleric, 2003, p. 119.
[39] Consúltese [https://marceloexposito.net/pdf/exposito_autovalorizacion_es.pdf].

forma en la que el sector artístico se estructura y cuál es su validez actualmente.

En la actualidad, gracias a las facilidades de los procesos de autoedición, algunos artistas escriben casi como ejercicio terapéutico sobre sus propias carreras y publican libros en los que comparten aquello que desean volcar en sus obras, qué les motiva y cómo está siendo su camino. Por ejemplo, Celia Gallego, Cristina Bosó y Gemma Alpuente son tres jóvenes pintoras muy diferentes pero de la misma generación que han reflexionado en torno a sus inicios en digital y sobre papel. La primera, centrándose en el «síndrome de la impostora» con un libro homónimo autopublicado en 2023 gracias al patrocinio de sus seguidores en la red social TikTok. La segunda, mediante vídeos, fotos y textos breves en Instagram, mostrando sus creaciones y explicando de dónde le viene la motivación. La tercera, comunicando en estas dos redes cómo es su ejercicio creativo, el montaje de sus exposiciones y lo que siente sobre el rumbo de su trayectoria, abriéndose al público con sinceridad y determinación.

Estas artistas emergentes han visto impulsadas sus carreras gracias a las redes sociales, al posibilitar un trato directo con los coleccionistas dando a conocer sus procesos, que despiertan el interés de una comunidad creciente. No se trata de acumular el mayor número de seguidores, sino de llegar al público apropiado en el momento justo, y para eso no hay *marketing* que funcione mejor que la autenticidad. El caso de Bosó es el de una pintora que, sin comprobar más allá de los límites físicos de su estudio el impacto que podía tener su obra, tal vez no se hubiera lanzado a exponer. Uno de tantos talentos que podría haber permanecido oculto y adormecido al carecer de un estímulo externo. Afortunadamente, al dar el paso de mostrar su trabajo en redes sociales llegó a coleccionistas a la vez que a críticos y comisarios. Todo ello todavía lejos de haber generado una comunidad grande, pues el número de seguidores no es tan importante como que las sinergias den sus frutos. Porque leer crítica de arte y seguir a los críticos en sus medios también sirve a los artistas para mantenerse al tanto de la actualidad cultural, conocer cómo funciona el sector, qué convocatorias para presentar proyectos están activas y si el trabajo es adecuado a fin de optar a premios o solicitar becas de residencia, así como establecer paralelismos y flujos de información entre otros agentes culturales.

Para la fotografía actual, Joan Fontcuberta es el artista y teórico por excelencia. Fotógrafo y crítico a la vez, ha escrito ensayos en los que analizaba hacia dónde se dirigía el ansia por el autorretrato tipo *selfie* popularizado en las redes sociales como *La cámara de Pandora. La fotografí@ después de la fotografía*, donde fundía el análisis social con su obra. Porque los reflectogramas, término que acuñó él mismo en dicho libro, han sido objeto de estudio y propuesta estética de varios proyectos expositivos que ha llevado a cabo en la última década. Posteriormente, en *La furia de las imágenes* el autor nos confronta al reto de la gestión social y política de una nueva realidad hecha de imágenes, punto al que se refiere como *posfotografía*. Digno continuador de tal ensayo, actualizando temas en torno a la percepción de la imagen como el uso de drones, la IA y la red social TikTok, surge *Desbordar el espejo*. Fontcuberta reúne ahí una docena de ensayos breves concebidos como casos de estudio, para repensar si el símil del espejo con memoria sigue siendo el elemento definitorio de la condición fotográfica o si, por el contrario, ha llegado el momento de trascenderlo.

En resumen, una cosa es lo que transmiten los materiales audiovisuales compartidos a través de redes sociales, con reflexiones de los artistas sobre su propia obra, y otra lo que escriben. Ponerse delante de una cámara es un acto extrovertido, aunque se muestre la intimidad del estudio artístico; se comunica para los otros en primera instancia. Está visto que, cuando un artista reflexiona por escrito sobre su trabajo y el contexto que lo rodea, surgen textos inusuales, a contrapelo del orden y sus reglas, probablemente por un exclusivo deseo de autoconocimiento. En palabras de la escritora, poeta y traductora argentina María Negroni: «No se trata, en suma, de cerrar un relato sino de afilar sus andamios oníricos, sumando interpretaciones que se bifurcan, multiplicando los puntos de vista»[40]. Esa sincera apertura a múltiples interpretaciones es lo que liga tales textos a la crítica de arte por encima de qué técnicas, estilos, movimientos y conceptos se aborden. Y lo ha hecho a lo largo de los siglos.

[40] M. Negroni, *El arte del error,* Madrid, Vaso Roto, 2016, p. 93.

DE LAS VANGUARDIAS A LA CRÍTICA COMO ESCEPTICISMO RADICAL

Digamos que la deriva del arte conceptual aglutina los movimientos que auspicia de pluralidad tanto de género como nacional, étnica y religiosa. Ahí se juntan las dos derivadas del punto de vista conceptual, aunque sigue habiendo una crítica más ligada a las consideraciones visuales sensoriales y, por tanto, a la pintura. En España, los discursos teóricos al respecto han sido protagonizados por Bonet, Kiko Rivas y Kevin Power. También por Francisco Calvo Serraller, con un pie en la reivindicación de lo pictórico y otro en la conceptualización del arte, quien solía decir que el crítico sin historia juzga sobre el vacío, pero el historiador sin crítica documenta la nada. Puede que, en reacción a todo aquello, surgiese el punto de vista escéptico sobre el arte contemporáneo en sus formas más experimentales, que es el que dice que el arte fue una cosa del Renacimiento y se acabó. La crítica Avelina Lésper y Félix de Azúa estarían en esa línea dedicada al escepticismo o la crítica como escepticismo radical.

Pero ¿cómo se mantiene el escepticismo sobre obras performativas que abordan las cuestiones de género? Porque precisamente el *performace art,* el arte de acción y las formas artísticas más experimentales son el caldo de cultivo para el arte feminista desde hace casi un siglo. Tratar de denostar las vanguardias y pasar al escepticismo no parece algo sostenible en el siglo XXI.

A lo largo de su carrera, la artista María Izquierdo fusionó la tradición mexicana con las vanguardias europeas y desarrolló un estilo propio caracterizado por su paleta de colores terrosos y un uso muy empastado de la pintura. En el libro *Un Van Gogh en el salón,* de Clara González Freyre de Andrade, se rescata esta transgresora figura, a menudo eclipsada por Frida Kahlo. Izquierdo reinterpretó temas propios del arte mexicano de los siglos XVIII y XIX de un modo considerado por la crítica como primitivo e inquietante. Conocida en redes sociales como Claramore, Clara González dedica gran parte de sus esfuerzos a la divulgación de artistas, movimientos y género con menor visibilidad. Sobre Izquierdo cuenta: «María había hecho arte con conciencia de clase, desafiado el papel impuesto a la mujer en la sociedad (aunque rechazaba ser considerada feminista) y tenido un posicionamiento político con sus avances en el mundo del arte mexicano parecían indicar que su siguiente paso lógico era sumarse al muralismo; ella misma quería hacerlo. Pero cada vez que le surgía un encargo, nunca llegaba a buen puerto. Siempre se cancelaba en extrañas circunstancias»[41].

La crítica como escepticismo radical tiene algo de incoherente porque implica la inexistencia de la verdad, o que, si esta existe, el ser humano es incapaz de conocerla. Sin embargo, el pensamiento crítico requiere autenticidad y una base sólida de fundamentos verdaderos. Descartes mostró que el escepticismo extremo es una ilusión intelectual a la que nos llevan nuestros prejuicios y que los problemas filosóficos no tienen su origen en el entendimiento, sino en las debilidades de nuestra voluntad. La estrategia de la obra de arte como referente, objeto de estudio y de observación pasa por sustentar la construcción de un discurso crítico que fomente el aprendizaje de relacionar conocimientos.

El aprendizaje radica en la capacidad de relacionar conocimientos. En este sentido, el ideal crítico se basaría en prometer cierta base de fidelidad a la realidad, aunque se analice de forma subjetiva, buscando representar una parte del mundo a través de un análisis detallado y una investigación rigurosa del contexto. Esto se relaciona con lo que Locke definió como el verdadero propósito del lenguaje: transmitir el conocimiento sobre las cosas. Tal perspectiva implicaría entonces algo así como mostrar sin emitir juicios, en la línea de lo que señala Todorov en *Crítica de la crítica*, al referirse a las críticas literarias de finales del siglo XX. Sin embargo, dicho posicionamiento es contradictorio y la crítica realista plantea graves problemas. Cuando la crítica estructural se presenta como completamente objetiva y transparente, se corresponde con su concepción de la obra literaria, tratándola como un artefacto que se agota en su propia inmanencia, es decir, un objeto que sólo se explica por sí mismo. Así, lo que conocemos por crítica hoy día no tendría razón de ser. Emitir una crítica es necesariamente realizar un juicio de valor. Sin embargo, no ocurre lo mismo con una crítica sensible al contexto ideológico. De hecho, ésta se rebela contra el programa realista. El escritor realista pretende que su obra no se justifica sino por la existencia de las cosas que representa; no se re-

---

[41] C. González Freyre de Andrade, *Un Van Gogh en el salón. ¿Quién dijo que la historia del arte no era divertida?,* Barcelona, Planeta, 2024, p. 337.

conoce ningún propósito, ni ninguna ideología: no enjuicia, hace ver. La crítica ideológica derriba esta pretensión: lejos de ser un simple reflejo fiel de lo real, la obra realista, nos lo muestra la crítica, es también el producto de una ideología (la del autor); de ahí la pertinencia del estudio de ese contexto»[42].

En este marco, lo que el escepticismo buscaría es evitar el dogmatismo. La duda es el motor que empuja al escéptico a la investigación. «Una obra de arte puede ser objeto de recreación desde la construcción de un relato personal o de una escenificación contemporánea de su propia temática o resolución técnica, como apropiación. […] Así, tanto la creación como la recreación que ejerce todo espectador exploran un factor fundamental en la iniciativa relacional de su conocimiento, donde aprender significa aprender a relacionar. Curiosamente es ahora, tras el giro propio contemporáneo que fundamenta la apertura de la modernidad en la vanguardia, más que nunca una estrategia expandida en la creación actual, capaz de replantear cuestiones problemáticas propias de la propia modernidad como sustrato de un valor crítico que interroga sus posiciones a través de la cita, las apropiaciones o el *remake* que han denotado las prácticas artísticas de la llamada posmodernidad»[43]. Este razonamiento de Javier Díez Álvarez nos parece bastante esclarecedor. Si entendemos que la mirada que identifica a un objeto como arte es social y es construida, se desmitifica la crítica, pues el crítico que opina sobre un proyecto artístico también se expone al escrutinio público y se juega su prestigio ante los demás. Porque, ante todo, el crítico es primero un espectador más.

Quienes defienden el ejercicio de la crítica en la actual sociedad posmoderna consideran que así, activando diferentes voces críticas, se impide que el único elemento legitimador del arte sea el mercado. Si bien el crítico actúa a modo de mediador entre el público y la obra en particular, pero también entre el lector y el mundo del arte en general, lidia con todos los inconvenientes que hemos ido señalando a lo largo de estas páginas. Incluso adoptando

---

[42] T. Todorov, *Crítica de la crítica,* Barcelona, Paidós, 1991, p. 108.

[43] J. Díez Álvarez, «Competencia estética y obra de arte: el recurso didáctico de la obra plástica en su proyección crítica y cultural para la educación artística», en VVAA, *La competencia artística: creatividad y apreciación crítica,* Ministerio de Educación, Política social y Deporte, Gobierno de España, 2008, p. 176.

una actitud escéptica, no escapa a las dinámicas neoliberales porque ejerce un oficio sujeto a unos honorarios susceptibles de alteración en función de su atrevimiento.

Said se preguntaba qué es, en el fondo, la conciencia crítica sino una imparable predilección por las alternativas. La autenticidad que se busca con el ejercicio de la crítica no se refiere tanto al contenido del mensaje como al emisor, en cuanto a que su credibilidad es crucial. No se atiende a la objetividad, ya que las opiniones son subjetivas. Pero el crítico debería de ofrecer una coherencia ante todo, abriendo nuevos horizontes al lector, es decir, un abanico de posibilidades, sin la pretensión de establecer una lectura cerrada. La crítica de arte es una disciplina cambiante a lo largo de la historia, una construcción moderna con origen en la Ilustración que se diferencia de la estética porque no requiere necesariamente de una fundamentación filosófica; su misión es la de confrontar el presente en perspectiva crítica. Se instala en un espacio de reflexión sobre lo que sucede en cada época, y en la nuestra anhelamos escenarios alternativos. Dicho anhelo se da bajo las presiones a las que la sociedad se ve sometida por el sistema capitalista neoliberal.

En el capítulo «El final de la política: la influencia de Foucault y Duchamp» del libro *Para una crítica del neoliberalismo. Foucault y Nacimiento de la biopolítica,* el autor Antonio Rivera afirma que la lucha política contra el neoliberalismo desde la crítica artística pivota sobre el rechazo del trabajo porque «obrero, artista, mujer, trabajador cognitivo, etc. son asignaciones e identificaciones que atrapan al sujeto en una relación de explotación y dominación»[44].

Cuando, en 2003, James Elkins se pregunta qué le ha pasado a la crítica de arte, apunta hacia el estado en que se encuentra en la actualidad[45]. Tal vez fuera el primer pensador en señalar que, en el siglo XXI, la crítica de arte se produce masivamente, pero también es más ignorada o ineficaz de lo que nunca antes lo ha sido. Para este interesantísimo pensador norteamericano existen varios tipos de crítica (académica, filosófica, descriptiva, poética…) y tantos estilos como críticos. La tendencia a escribir sin enjuiciar la consi-

---

[44] R. Castro y E. Chamorro (eds.), *Para una crítica del neoliberalismo. Foucault y Nacimiento de la biopolítica*, Madrid, Lengua de Trapo, 2021, p. 38.

[45] Véase J. Elkins, *What happened to art criticism?,* Chicago, Prickly Paradigm Press, 2003.

dera creciente porque se torna parte del fenómeno del *marketing* de mercado. Elkins recomienda que la crítica se reforme volviendo a un estado de un rigor formalista que no consideramos que tenga demasiado sentido en la actualidad. Del mismo modo, rechaza el tono divulgativo y anima a buscar un cierto posicionamiento institucional por lo ligada que está la profesión del crítico con el comisariado. Esto no parece compatible con el concepto de crítica desplegado en entornos virtuales y los intentos por generar un acercamiento de los lectores jóvenes, una audiencia a la que gusta la cercanía y el tono divulgativo, sin que ello requiera restar rigor a lo que se expone. En lo que sí coincidimos es en que tiene que haber una conversación entre periodismo, historia y crítica para que esta última ocupe su lugar en los nuevos canales de comunicación. Porque el periodismo no requiere de la crítica cultural, pero la historia del arte sí necesita de la crítica y viceversa, es decir, se necesitan mutuamente. Sólo así se dejará de insistir en que la crítica de arte ha desaparecido y se empezará a poner el foco en los recovecos en los que todavía sobrevive.

3. El futuro de la crítica y el periodismo cultural

La dimensión digital es una línea estratégica de los museos actuales para mejorar la experiencia de visita y el registro de sus actividades, de modo que tanto para la crítica de arte en particular como para el periodismo cultural en general la virtualidad afecta al soporte del texto y al objeto de estudio. Hace años que se abrió la puerta a lo virtual por útil y por accesible desde cualquier rincón. Si no podemos desplazarnos hasta el centro de arte, una visita virtual nos aproxima al proyecto expositivo, cada vez de un modo más sofisticado e inmersivo. El futuro de la crítica y el periodismo cultural probablemente incluya una integración de las plataformas digitales mejoradas y también un uso más ético de las redes sociales. Esto para que haya un enfoque más diverso e inclusivo en términos de voces y perspectivas representadas en la crítica cultural.

No estamos hablando de que la crítica vaya a desaparecer del formato analógico para centrarse en el terreno digital, ni de que un archivo digitalizado de obras de arte sustituya a la visita presencial, sino de los efectos de la entrada del museo y de la galería de arte en nuestras casas vía internet, con todas las herramientas innovadoras que se nos presentan en la actualidad. En cualquier caso, la pregunta de si es posible escribir una crítica fundamentada sólo con realizar una visita virtual a una exposición está sobre la mesa. También si la IA posee la capacidad para valorar un proyecto artístico, o al menos imitar el trabajo de los críticos, redactando una crítica que resulte relevante y no meramente descriptiva.

En el campo del periodismo ha hecho estragos la aparición de la IA, puesto que con unas directrices muy básicas redacta notas de prensa que parecen escritas por personas. El ser humano se ve amenazado por su propia creación, como tantas otras veces, después de haber generado programas informáticos que ejecutan operaciones comparables a las que realiza la mente humana, como el aprendizaje o el razonamiento lógico. Su impacto en el periodismo, como decimos, ha sido fuerte, lo cual afecta, por supuesto, al periodismo cultural y, por extensión, a la crítica de arte.

No importa tanto si se trata de algo reversible como el hecho de que sepamos integrar favorablemente las propiedades de la IA en nuestros trabajos, asumiéndolas en tanto herramientas y no competidoras. La curiosidad, el deseo y la intencionalidad son cualidades humanas que ninguna máquina logrará replicar. Incluso tratando de imitarlas, lo que salga de ahí será un sucedáneo y nos daremos cuenta. Por lo tanto, cabe afirmar con rotundidad que la IA ni es equiparable a un artista, ni a un periodista, ni a un crítico. Eso sí, en nuestro futuro más inmediato se ha integrado, ha venido para quedarse, entonces es importante que aprendamos a manejarla y a convivir tal como ya hiciera el teatro al aparecer el cine, éste al surgir la televisión y un largo etcétera de avances tecnológicos a los que nos hemos adaptado sin más.

Los límites de extensión y selección de imágenes que impone un medio como la televisión hacen aún más difícil ofrecer la información necesaria para transmitir un proyecto artístico. Los informativos tienen una parte dedicada a eventos culturales, pero la crítica de arte no entra en ella. A veces, lo que vemos a través de la pantalla lleva a error a la audiencia, sin faltar enteramente a la verdad. Las imágenes pueden no estar alteradas, pero sin una voz crítica que oriente u ofrezca posibles lecturas se queda en algo propagandístico o tal vez se malinterprete.

Ya no podemos asegurar algo que antes se daba por hecho, a saber, el compromiso del periodismo con la transparencia, la precisión, la inclusión y la imparcialidad, de manera que los lectores puedan tomar decisiones fundamentadas cuando se topan con información relativa a una exposición o a la obra de un artista. En general, se asume que las fuentes de autoridad no necesitan ser contrastadas por otros periodistas, y los artículos que las reproducen no suelen ser cuestionados por los lectores. Se comparten y regurgitan con la urgencia de la viralidad en los entornos digitales. Cuando toca desmentir una información que se constata que es falsa, suele ser tarde, porque ya habrá quien dude y siga creyendo lo que decía la nota inicial, pase lo que pase. Sólo con que unos pocos sigan creyendo en el bulo y lo reproduzcan, el mal está hecho, deja sembrado un prejuicio, es irreversible.

Para las malas prácticas en el periodismo cultural no hacía falta la llegada de la IA, cuya habilidad para sustituir al crítico de arte pondremos en duda en el próximo apartado. Ya habíamos traspasado, en la última década, los límites que bordean la precariedad laboral hacia la falta de rigor. En este sentido, a propósito de *influencers* que hacen las veces de periodistas comunicando en medios de prestigio y, como no podría ser de otro modo, se saltan el libro de estilo del medio en cuestión, Azahara Palomeque ha reflexionado en más de una ocasión. La autora de *Vivir peor que nuestros padres*, periodista de profesión, española que ha vivido y trabajado muchos años en Estados Unidos, se muestra muy crítica con el periodismo hecho de colaboraciones[1].

Las celebridades momentáneas que, por hacer gala públicamente de afinidad con un medio, acceden a comunicar a través de él, contribuyen a la precarización del sector. Sus colaboraciones se realizan a veces por adquirir notoriedad y capital social, o sea, sin cobrar. Otras, mediante productoras externas, sin tener un contrato profesional con el medio, ya que no son profesionales. Prima que brille la imagen de marca, pero sin integrar en plantilla a alguien que, en algún momento, va a resultar problemático, torpe o soez. Colaborar se vuelve un ejercicio liberal que premia la inestabilidad laboral, encumbrando a unos perfiles y mandando al paro a otros mucho más preparados pero quizá sin tanto tirón mediático.

Conocer la historia y contextualizar el panorama actual puede ayudarnos a trazar una ruta que incremente el pensamiento. El filósofo, crítico y comisario de exposiciones Francisco Jarauta ha contribuido enormemente a tratar de comprender en qué medida el mundo clásico sigue influyendo en las ciencias sociales, en el pensamiento y en la forma de interpretar el arte dentro de la historia de las ideas estéticas de Occidente. Entrevistado para *La Diaria* por el crítico italiano Riccardo Boglione, con motivo de su encuentro en el Museo Nacional de Artes Visuales de Montevideo en 2019, declaraba: «La institución arte se ha hipertrofiado, nunca ha

---

[1] A. Palomeque, *Vivir peor que nuestros padres,* Barcelona, Anagrama, 2023.

habido tantos museos, pero las revistas desaparecen porque no hay pensamiento. Hay que reivindicar también elementos éticos y activos del situacionismo: ya no tenemos la capacidad de construir una teoría general, soy partidario de las microutopías, de las microsituaciones, de los microprocesos»[2]. Jarauta afirmaba que no es fácil volver a construir la red de los conceptos en un mundo colapsado por la comunicación.

El exceso de información y de canales de comunicación lleva al colapso, porque puede llegar a paralizar al receptor, cuya suspicacia aumenta conforme se topa con noticias falsas, distorsionadas y que tratan de manipular su opinión. En efecto, se complica reestablecer esa red de conceptos a la que se refería Jarauta. No obstante, el abanico de posibilidades que abren los nuevos medios también nos compromete como usuarios a adquirir la responsabilidad de indagar para decidir qué leer y a quién seguir. Ahí entra en juego la investigación, muchas veces autodidacta, durante la cual podemos sorprendernos con perfiles excepcionales que aporten un poco de esperanza al ámbito de la crítica. Por ejemplo, el pintor Alejandro Acosta tiene un canal de YouTube llamado «Malasombra» y en él comparte vídeos en los que analiza diferentes situaciones de la actualidad cultural, recurriendo a menudo a los clásicos y haciendo hincapié en cómo funciona el mundo del arte. También comenta libros relacionados con este tema y articula discursos elaborados con una estructura similar a la del periodismo cultural, que están muy cerca de la crítica de arte. Si tuviésemos que afirmar que hay un crítico de arte español joven ejercitando la crítica sin escribirla, volcándola directamente en redes sociales por medio de lo audiovisual, seguramente sería Acosta, y eso llama mucho la atención porque él no se concibe como un crítico sino como un artista. Elegir sus vídeos, que frecuentemente traen recomendaciones a fuentes primarias externas como bibliografía de interés, frente a otros contenidos provocadores marca la diferencia.

Entonces, para vislumbrar el futuro de la crítica y el periodismo cultural quizás habría que mirar más hacia atrás que hacia adelante. Porque quienes divulgan en redes contenido que vale la pena lo

---

2 Consúltese [https://ladiaria.com.uy/cultura/articulo/2019/5/arte-y-sociedad-con-el-teorico-espanol-francisco-jarauta/].

hacen apoyándose en recursos analógicos, de hecho. También pagan el precio de la libertad cada día y ganarán seguidores al mismo tiempo que sufrirán el rechazo de otras personas que no coincidan en opiniones, pues es raro hoy hallar lectores entre quienes no comparten ideología. Tal vez sería más sensato y enriquecedor intelectualmente leer tanto los artículos de aquellos críticos con los que simpatizamos como los de autores opuestos, pues nos permitiría tener una visión más amplia y menos sesgada de la sociedad. Aunque semejante postura no es la habitual, ya que se considera una traición seguir y atender a los periodistas que están señalados por un partido contrario al que el lector vota, por ejemplo. Ese señalamiento viene incluso por parte de políticos en gobernanza que no gestionan bien las críticas y, por lo tanto, tratan de desacreditar a los medios que no les son afines.

Un caso llamativo de crítica cultural vinculada a la política es el del periodista Miquel Ramos, que, como artista, es músico y, como escritor, está especializado en movimientos sociales. Preocupado por el auge de la extrema derecha en Europa y siendo una personalidad pública con un marcado carácter de izquierdas, su trabajo no ha estado exento de críticas hasta de sus seguidores más fieles. Abordar algunos temas hoy día es tan delicado que se acaba ofendiendo a quienes se pretende estar defendiendo. Así lo explica en su libro *Antifascistas*: «Las contradicciones que genera que periodistas como nosotros estemos en medios generalistas no son baladís. Mientras muchas personas agradecen nuestra presencia en debates donde somos de las pocas voces que denuncian determinados asuntos y se enfrentan a la extrema derecha, otras consideran que contribuimos a blanquear a los mismos medios que dan voz a los ultraderechistas. La posibilidad de insertar determinados temas, discursos y marcos en los principales debates mediáticos es lo que nos ha motivado para aceptar el reto a la mayoría de periodistas como nosotros, asumiendo estas contradicciones y las críticas que se derivan, que no rehuimos»[3].

Ramos insiste en que los periodistas son trabajadores y la profesión no se encuentra ni mucho menos en su mejor momento. Tal como relata: «Muchos de estos colegas escriben donde les dejan y donde les pagan algo por su trabajo. Otros tienen la suer-

---

[3] M. Ramos, *Antifascistas*, Madrid, Capitán Swing, 2022, p. 614.

te de encontrar una cabecera que les permite tratar determinados temas que en otras les resultaría mucho más difícil. Y los que hemos creado, financiado o formamos parte de los medios independientes a menudo nos sentimos afortunados por hacer lo que nos gusta y como nos gusta. Esta reivindicación de los medios de comunicación independientes y de ciertos periodistas valientes con los que he tenido el placer de coincidir y entablar amistad no niega la existencia de muchos y muchas otras profesionales de la información que trabajan en medios generalistas e incluso en periódicos conservadores que son excelentes periodistas y personas honestas también comprometidas con los derechos humanos»[4].

Ante el auge de las noticias falsas difundidas en redes sociales, los intentos de manipulación de algunos medios por parte de grupos políticos y de comprar, en cierto modo, a los críticos, no han sido pocos los periodistas que han planteado serias dudas sobre el futuro de su profesión.

Presuponer que los medios van a mentir sistemáticamente implica una idea muy devaluada e injusta sobre el periodismo. No se puede generalizar ni limitar la libertad a la ligera como medida preventiva. La intención de prevenir las *fake news* y el acoso en medios a cualquier persona es muy loable, pero no deja de preocupar el papel presente y futuro de la libertad de prensa en la sociedad española a partir de los acontecimientos descritos y de otros tantos bajo un gobierno anterior de derechas. Casi una década atrás, preguntado por Carlos Molero para *FD Magazine* acerca de si las interferencias ejercidas sobre el periodismo por parte de los poderes políticos y financieros afectan a la crítica cultural, Jesús García Calero hacía esta inteligente reflexión: «Las mayores presiones que probablemente tiene el periodismo de cultura son de carácter político a veces, o de carácter corporativo. Es verdad que hay un problema de modelo financiero para la prensa, con medios que están desapareciendo, con expedientes de regulación de empleo… no hay mayor libertad que la autonomía financiera para el periodismo; y estamos, digamos, por debajo del listón. Pero lo que sí puedo decir es que el periodismo que yo veo merece confianza»[5].

---

4   *Ibid.,* p. 615.
5   Consúltese [https://fliphtml5.com/dbzuo/slkc/FD_MAGAZINE_11/].

En el futuro, se espera que la independencia de los medios siga siendo un tema importante, con un mayor énfasis en la transparencia en la propiedad de los mismos y en la protección de los periodistas contra la influencia externa o la censura. La tecnología se supone que podría desempeñar un papel importante en la promoción de esta independencia, aunque ha sido precisamente el avance tecnológico lo que ha aumentado la propagación de bulos por un mal uso de herramientas que difícilmente se frenan sin acabar ejerciendo lo que consideramos actos de censura. Para llegar a un equilibrio que combine la detección y eliminación de bulos con la educación del público sobre cómo discernir la información veraz, necesitamos que las plataformas desarrollen políticas más transparentes y procesos de apelación justos.

La deriva tecnológica: ¿puede sustituir al crítico una inteligencia artificial?

El consumo abusivo de dispositivos digitales en el primer cuarto del siglo XXI ha disparado las propuestas de limitar el acceso, sobre todo a los jóvenes, pasando de una lectura positiva (siendo nativos digitales tendrían un mejor aprendizaje) a que las pantallas merman sus capacidades. La mayoría de los teléfonos inteligentes ofrecen estadísticas de uso de las aplicaciones, a través de las cuales descubrir con estupor la cantidad de horas invertidas en el metaverso. Internet encierra múltiples posibilidades y acceso casi infinito a información de todo tipo. También a herramientas muy interesantes para desarrollar y compartir proyectos artísticos, además de difundir pensamiento, reflexión y crítica de un modo más directo que el analógico. Sin embargo, asistimos a un repliegue de velas respecto a la imposición de lo digital sobre la fisicidad.

A través de la hiperconexión nos llega un aluvión de críticas, los *haters* (odiadores) han convertido el odio en un ejercicio de desahogo de sus propias frustraciones, lo que ha generado una tendencia de comportamiento de crítica abusiva. Así, algunos personajes públicos de influencia en redes han llegado a tener que justificar su desconexión durante un tiempo porque se veían psicológicamente afectados por tanta crítica destructiva recibida a todas horas. El tiempo que pasamos en el metaverso condiciona nuestra mirada y nos da una falsa sensación de tener miles de amigos al otro lado de la pantalla. Sus ideas, sugerencias, comentarios sobre nuestro estilo de vida, nuestro cuerpo, nuestra profesión, lo que publicamos o dejamos de publicar, adquieren unas dimensiones desproporcionadas y acaparan nuestra atención.

Sufrir una pandemia ha agilizado la digitalización y nos ha forzado a interactuar más a distancia, lo que han sabido emplear inteligentemente los *community managers* de museos. El caso más destacable es el del Museo del Prado, que tiene el TikTok mejor valorado en España. No obstante, emplear mecanismos propios de la crítica de arte en redes sociales no convierten a dichos medios en los canales ideales para ello, ni siquiera a largo plazo. Son siempre un aliciente añadido, un complemento. Nos pueden animar, de hecho, a buscar la noticia de la que se hable en otro medio, uno especializado y verificado, pero no sustituyen a los suplementos culturales o a las revistas de arte. Del mismo modo en que usar la IA para crear una obra de arte puede ser útil como herramienta que emplea un artista pero nunca sustituir al artista, porque la IA no tiene capacidad artística. Las objeciones a esto se centran en si recurrir a una IA para recabar información, imágenes de inspiración o nuevas técnicas se parece a cuando un pintor famoso no da abasto produciendo obra y le hacen otros en su taller gran parte del trabajo, aunque finalmente lo firme él. Una IA es equiparable a una máquina sin sentimientos ni intencionalidad, nada comparable a un grupo de personas trabajando para desarrollar la idea de un autor.

El progreso tecnológico se desarrolla a través de la instrumentalización de los sujetos y del mundo, tal como anunciara Max Horkheimer en su *Crítica de la razón instrumental*, libro publicado por primera vez en 1947 y que se anticipa a la época que vivimos hoy. La razón instrumental, según el filósofo y sociólogo, reduce el accionar intelectual a la producción de resultados calculables sobre el mundo empírico. El sujeto racional tiende entonces a limitarse, naturalmente[6]. Para la filósofa y crítica cultural Margot Rot, «el auge de la técnica dirigida por la razón instrumental ha convertido lo posible en obligatorio, en tanto que, si algo puede hacerse,

---

6 M. Horkheimer, *Crítica de la razón instrumental,* Madrid, Trotta, 2010.

debe hacerse. Así, parecería que progreso y destino unívoco se han convertido en dos aliados inseparables»[7].

Las máquinas no pierden el tiempo y las personas, en un triste afán por emular su productividad, estamos olvidando cómo perderlo, los beneficios de ello. Dedicamos poco tiempo a divagar, a pensar en nuestras cosas mirando al techo. Cultivar la costumbre de encontrar momentos de paz, lejos de las redes sociales, los correos electrónicos y la excesiva comunicación, es importante para reflexionar sin ruido de fondo, valorar nuestras cualidades y escoger entre los diferentes caminos que se nos presentan cada dos por tres. Terceras personas acaban condicionando nuestras expectativas a base de críticas que no tienen por qué ser acertadas, ya que están filtradas por su posición en el mundo, su enfoque. Cada uno necesita encontrar su propio enfoque e identificar con qué ideales coincide. Estos no son inamovibles, sino que pueden variar a lo largo de la vida, conforme más información y experiencias se tengan.

Volviendo a Margot Rot, su ensayo *Infoxicación: identidad, afectos y memoria; o sobre la mutación tecnocultural* hace hincapié en que las expectativas y esperanzas que el sistema económico y el orden político habían depositado en el sujeto moderno se revelan inexistentes para el contemporáneo. Retorna al concepto de razón instrumental, que se proclamó puerta hacia la libertad convirtiéndose en esclavitud en la evolución del trabajo posfordista. Afirma: «Las promesas de emancipación que nos hicieron frente al mundo laboral fracasaron, trabajar no nos hizo libres, sino que nos convirtió en esclavos. El sistema, ahogado en la precariedad a la que se condena a sí mismo, ahogado en la eterna retroalimentación de abaratar costes y procurar más beneficio, dibuja un sujeto agotado y precario, excedido por la irrupción del trabajo en todos los aspectos de su vida, incluido su tiempo propio. Los trabajos que cada vez ocupan más tiempo propio han colonizado al sujeto hasta su definición. Quiénes somos se explica a través del trabajo que emprendemos y no mediante las construcciones vitales hacia las que en el mejor de los casos hayamos deseado tender. Identidad y

[7] M. Rot, *Infoxicación: identidad, afectos y memoria; o sobre la mutación tecnocultural*, Madrid, Paidós, 2023, p. 130.

trabajo son dos aspectos inseparables»[8]. Es crucial atender a las transformaciones generadas a través de la interrelación entre tecnología y trabajo, pues su resultado cala en el aspecto identitario de las personas y en las opiniones que estas formulen. En las redes sociales, las opiniones se han polarizado por lo que Benjamin llamaría «los instintos de la masa». López Borrego, que analiza algunos de esos instintos, observa que «en los últimos años hemos caminado hacia posturas enfrentadas en todos los ámbitos de la vida, sin abrir espacios a las soluciones intermedias. No hay posibilidad de diálogo porque sólo hay dos opciones, o estás conmigo o contra mí. Las *fake news* no tratan de argumentar acerca de una acusación, sino que fabrican un discurso que es protagonizado por una o varias víctimas, donde el contraataque construye un nuevo discurso, que, apelando a los sentimientos de los seguidores, defiende unos intereses. No importa lo más mínimo que el argumento sea falso, sino que, gracias a las emociones, sea capaz de calar en los sectores dispuestos a defenderlo»[9].

La opinión de cualquier persona está condicionada por una serie de aspectos. Está claro que conviene confiar en los expertos y dejarnos guiar en ciertas situaciones, pero ¿aceptar que nos desmotiven? Una crítica desmotivadora hemos de analizarla cautelosamente. Por ejemplo, muchos estudios, en especial los vinculados a las Humanidades, son criticados como inútiles a la hora de lograr un empleo; sin embargo, ese es un cliché bastante cuestionable. En ese sentido, cabe mirar hacia el terreno anglosajón de nuevo y preguntarnos qué tenemos en común y qué fallos repetimos. Durante sus once años de mandato, la política británica Margaret Thatcher mostró cierto desprecio hacia los estudios relacionados con las Artes y las Humanidades por considerarse ineficaces para la incorporación laboral. Atención al uso de términos como eficacia e ineficacia. Todo ello bajo el enfoque de las políticas neoliberales que ella impulsó y que tanto criticó Mark Fisher por el impacto que habían tenido posteriormente en la autopercepción cultural de Inglaterra.

Peter Bradsahw, crítico de cine de *The Guardian,* aseguraba que, para Thatcher, las artes eran avariciosas predadoras de subsidios públicos. Thatcher, apodada «la dama de hierro», mostró en-

---

8 *Ibid.,* p. 131.
9 R. López Borrego, *Los instintos de la masa*, Amazon, 2021, p. 154.

tre 1979 y 1990 un notable desprecio por las expresiones culturales. Que un dirigente político prácticamente milite en contra de lo artístico no es baladí. Además de un sistema económico y político, el neoliberalismo conlleva una manera de relacionarse con el mundo en la que el tiempo de vida y el tiempo de trabajo no se distinguen. Esto choca con el pensamiento contemplativo y la autonomía del arte, a la par que con la idea de democratizar el acceso a la cultura, libre y gratuita.

En lo de «gratuita» hemos de detenernos, porque el hecho de que la ciudadanía tenga derecho a acceder libremente a la cultura y a la producción cultural no quita que los productores culturales deban recibir remuneración por sus trabajos. De nuevo, la conciencia de clase acechando, cuando no brillando por su ausencia. ¿Qué artistas forman parte de la clase trabajadora? ¿Los hay que no se consideren parte de esta? ¿Por qué? Pero, sobre todo, la pregunta que planea con la deriva digital sobre nuestras cabezas es la de los derechos que pierde el trabajador cultural al ser reemplazado por una IA. Si la Revolución industrial supuso el inicio del mundo moderno, la organización de nuestros tiempos y volvernos más autónomos en las formas de trabajo, en el XXI el desafío es cómo transformar nuestras dinámicas de producción, a la sombra o con ayuda de las nuevas tecnologías, sin perder aquellos derechos que se han debilitado tanto por el camino.

Es necesaria una gran concienciación sobre los riesgos de la IA para la creación artística e intelectual, y decisiones como esta, a pesar de los riesgos comerciales, van en esa línea. No todo vale. La librería La llama Store de Barcelona anunciaba a comienzos de 2024: «Somos una librería pequeña y no tiene mayor importancia lo que hagamos, pero avisamos: vamos a devolver a la distribuidora absolutamente todos los libros que recibamos que estén ilustrados por una IA»; esto se debió a la salida al mercado del libro de Katherine J. Chen *Juana de Arco* por Ediciones Destino, perteneciente al Grupo Planeta, con una portada diseñada mediante una IA muy rudimentaria. Hacemos hincapié en que se trata de un diseño rudo, ya que, en el caso de que la IA hubiese generado la imagen con un proceso más sofisticado, sería indetectable.

Sin embargo, no es una cuestión de proporciones o estilo, lo que podría atribuirse a una limitación o una elección del artista, sino que presentaba fallos que probaban el hecho de que una persona no estaba detrás de ese diseño, errores que un humano hubiera evitado, detalles que a todo diseñador gráfico chirriarían. Lo triste es que, por mucha crítica que se escriba sobre la creación mecánica de una IA, lo único que se consigue es animar a los desarrolladores a afinar para que el trampantojo sea posible, que llegue el momento en el que no sepamos discernir entre lo que está hecho por artistas y lo que ha generado una máquina. Casi que la crítica de arte ahí aporta las coordenadas para terminar por engañar al ojo, de manera totalmente contraproducente.

Como la IA no tiene deseos ni necesidades humanas, no pide un salario, eso está claro. Algo que la derecha detesta es la gratuidad de la cultura, porque, desde una perspectiva capitalista conservadora, lo que es gratis es inútil y viceversa. Por su parte, la izquierda ha hecho un flaco favor al abusar del concepto de gratuidad en cuanto a la cultura, ya que se ha empeñado en transmitir a la sociedad que lo cultural no es traducible en términos de valor económico.

La proliferación de proyectos híbridos que compatibilizan presencialidad con virtualidad y el hecho de que, en pandemia, las instituciones hayan reforzado el teletrabajo, la distancia social y la automatización de procesos, hacen que críticos de arte como Nicolas Bourriaud se preocupen por favorecer nuestro ecosistema. Igual que hay artistas más comprometidos con el medioambiente ahora, también esto influye en las tendencias de la crítica. Suponemos que responde al antropocentrismo en decadencia; todo ha girado en torno al capital por demasiado tiempo, de manera que el capitaloceno impera. Para superarlo, el autor propone que el mayor reto político del siglo XXI será «volver a poner lo humano donde sea que lo humano se haya retirado en beneficio de las automatizaciones: en las finanzas informatizadas, en los mercados entregados a regulaciones mecánicas, pero ante todo en las políticas dictadas con el único objetivo del provecho»[10], refiriéndose al mundo de lo cuantificable.

Cada vez más observamos cómo algunas instituciones optan por lo que se conoce como las exposiciones inmersivas y, como avanzábamos, se emplea diseño realizado por IA. Ambas opciones están destinadas al fracaso, son un timo. Distorsionan la percepción de

---

[10] N. Bourriaud, *Inclusiones. Estética del capitaloceno,* Buenos Aires, Adriana Hidalgo, 2020, p. 231.

las obras con proyecciones efectistas. Los recursos inmersivos funcionan a modo de complemento didáctico, pero el público busca acercarse a las piezas originales. Además, pagar tanto por exposiciones que sólo muestran reproducciones es insostenible. Beneficia a la empresa que las monta, nada más. Por su parte, la IA no desea ni tiene intencionalidad; por lo tanto, no crea arte. Imita, reproduce, pero no imagina ni sustituye. No sabe diseñar. Más que competencia, es una herramienta que aprender a usar correctamente, ya que en manos de demagogos o trileros es altamente peligrosa.

Los demagogos son maestros de la posverdad, concepto que podríamos considerar algo más sofisticado que un mero eufemismo de la mentira. Oficialmente este neologismo se traduce en una «mentira emotiva» que implica la distorsión deliberada de una realidad en la que priman las emociones y las creencias interesadas frente a los hechos objetivos, con el fin de crear y modelar la opinión pública e influir en las actitudes sociales. Internet, las redes y la IA han disparado la posverdad, según el filósofo, humanista y pensador británico A. C. Grayling, quien también asegura que esta tiene su origen en la crisis económica de 2008, debido al resentimiento económico, que facilitó la exaltación de las emociones sobre temas como la inmigración y sembró dudas sobre los políticos. Casi una década más tarde, la tecnología *deepfake* se ha sumado a la creación de realidades sintéticas que nos hacen más manipulables. Un *deepfake* es un vídeo, una imagen o un audio que imita a una persona con rasgos fieles a su apariencia y el sonido de su voz, confundiendo al espectador que cree estar ante alguien cuyas afirmaciones son falsas porque ni siquiera es él.

Distinguir real y falso se complica, dada la proliferación de programas que imitan tanto a una determinada persona como a las creaciones posibles de esa persona u otras. Es decir, que tenemos por delante aplicaciones capaces de dibujar digitalmente obras al estilo de cualquier artista. Entonces, ¿cómo saber si estamos ante una obra original o su réplica? Las redes están plagadas de imágenes de obras clásicas alteradas por toda clase de programas que las generan mediante IA, incluso recrean cómo hubieran sido posibles versiones de dichas piezas realizadas en el estilo de otros autores. También se da el hecho de que, uniéndose la realidad aumentada y la imagen expandida, podamos ver más allá del plano que un pintor plasmó en su obra originalmente. ¿Tiene eso sentido? ¿Para qué querría saber cómo eran las piernas de *La Gioconda*? Leonardo Da Vinci la imaginó y retrató en el siglo XVI de cintura para arriba, ¿qué aporta corromper tal imagen? ¿Acaso enriquece la mirada del espectador? ¿Estimula el intelecto? La IA ha llegado a fagocitarse a sí misma en la medida en que buscar imágenes de obras clásicas en internet ya ofrece resultados que no son reales, sino que se corresponden con confabulaciones generadas de manera artificial.

El modo en el que la IA está influyendo en las industrias culturales y cómo los profesionales del sector pueden aprovechar las oportunidades que esta tecnología ofrece han sido objeto de estudio por múltiples especialistas. Una de ellas es la periodista y tecnóloga Nuria Lloret Romero, quien ofreció una interesante charla junto a la filósofa Ana Noguera en la jornada organizada por la Asociació Ciutadania i Comunicació ACICOM, el 16 de febrero de 2024 en el Octubre Centre de Cultura Contemporània. Allí la pregunta de partida de la charla fue por qué asusta tanto la IA. Principalmente, por la posibilidad de que esta tecnología genere nuevas estafas, muy sofisticadas, en las que se sustituye a personas reales por sus versiones artificiales demandando, por ejemplo, financiación para una causa en la que no participarían o que ni existe, provocando a la vez problemas legales, económicos y éticos.

Tanto Lloret como Noguera llegan a la conclusión de que el conflicto no es tanto tecnológico como, en efecto, ético y moral. Puesto la tecnología lleva mucho tiempo conviviendo con las personas a su servicio, el mal uso de ella es lo que provoca daños. El juego imaginativo de los humanos tratando de superar a la naturaleza a través de las máquinas viene de lejos, no debería de causar temor aparentemente. El vértigo que provoca es por la agilidad con la que se han acelerado los cambios técnicos en las últimas décadas.

El contexto del siglo XXI es distinto al del siglo XX, porque en él se ha generado mayor desigualdad, aunque tras la Segunda Guerra Mundial y por la creación del Estado de bienestar se pensara que compensar la desigualdad era algo medianamente controlado o controlable. Pero no ha sido así, como cuenta en su ensayo *Homo Deus: Breve historia del mañana* el pensador israelí Yuval Noah Harari. Su tesis central es que hambrunas, plagas y guerras fueron las constantes de la historia hasta el siglo XXI, en el que la tecnología promete vivir felices en la abundancia. Pero, añade Harari, los organismos dominantes de este siglo no son sino algoritmos y, por lo tanto, puede suceder que, en un mundo en el que el paradigma lo rijan los datos, el *dataísmo*, el *Homo sapiens* pierda su preeminencia[11]. En definitiva, si una IA pudiera sustituir al crítico, significaría que estaríamos en un punto en el que cualquiera puede ser sustituido por una réplica artificial.

COMUNICAR EN REDES SOCIALES SOMETIDAS A UN ALGORITMO

Muchas personas dentro del mundo de la cultura piensan que la crítica de arte ha muerto con las redes sociales, mediante las que cualquiera pueda opinar y escribir en un blog. Pero también llevan siglos diciendo que ha muerto la pintura, y la pintura no ha muerto. Entonces, ¿a quién creer? ¿Qué legitima a un crítico frente a otro? Lo que diferencia a un crítico de arte acreditado es tener capacidad de convicción, es decir, que sus opiniones y sus juicios están instalados en el espacio público y son exitosos respecto de otros. Influyen varios factores: el lugar en el que se encuentra, la formación cultural de la que disponga, la familiaridad con el medio desde el cual escriba… Hay muchas cuestiones de orden sociológico que suelen recaer también en razones de orden editorial. Los supuestos conceptuales que explican que la crítica actual sea la que es, vienen de la genealogía que radica en el pictorialismo o las últimas derivaciones del arte conceptual, según hemos ido viendo a lo largo de estas páginas. Pero están sujetos al condicionamiento de la precariedad en la escritura a la que hemos hecho referencia desde el inicio. Y tal precariedad es promovida por las políticas neoliberales.

Sin embargo, uno de los aspectos que podríamos considerar positivos de la globalización es el acceso a una cantidad ingente de información a través de internet, porque, poniendo entre paréntesis la brecha digital, rompe cierta estructura de clase constitutiva de la sociedad actual. Esto es, en un pasado no tan lejano, sólo las personas adineradas tenían acceso a viajar lejos y comprar muchos

---

[11] Y. N. Harari, *Homo Deus. Breve historia del mañana,* Madrid, Debate, 2017.

libros o recibir lecciones que únicamente se obtienen por la experiencia de tener más mundo. Tal ventaja disminuía las posibilidades de conocimiento y, por lo tanto, de creatividad y autorrealización, así como de innovación en el terreno profesional de las personas con menos ingresos o que procediesen de familias humildes. Ahora nos movemos a través de la red y llegamos a contrastar información en menos tiempo y con menos recursos económicos que antes. De manera que alguien que necesite investigar un tema o quiera formarse una opinión crítica particular puede hacerlo sin moverse de casa, con una conexión a la red medianamente aceptable y un dispositivo electrónico básico para ello.

En *El entusiasmo. Precariedad y trabajo creativo en la era digital,* su autora, Remedios Zafra, sugiere que las condiciones laborales de los trabajadores de la cultura en un contexto de precariedad e incertidumbre conllevan frustración y falta de expectativas, por lo que acaban por desincentivar el ejercicio creativo, algo que hace resentirse a las disciplinas artísticas y humanísticas[12]. Zafra, especialista en el estudio crítico de la cultura contemporánea, retrata varias formas de precariedad actuales y considera que los caminos del diálogo y del pensamiento profundo no funcionan en las redes rápidas y en los tiempos precarios, porque requieren pausa, cierta tolerancia a la ambigüedad y empatía. La polarización y la inmediatez a la hora de emitir un juicio de valor que se está dando desde las redes sociales e invade cada rincón de la cotidianidad juegan en contra del pensamiento crítico que habría de acompañar al compromiso creativo.

Frente al capitalismo neoliberal, que transforma todo en valor de cambio, Zafra propone no perder la ilusión como acto de resistencia de un sujeto político al que define por su pluralidad y que, por lo tanto, queda difuminado en su llamada a la acción. Quizá sea el entusiasmo algo demasiado rentabilizado por el capitalismo como para suponer que vaya a poder generarse a toda la ciudadanía de forma igualitaria, pues los deseos y afectos son tremendamente diversos. De no serlo ya, querría decir que el carácter homogeneizador de esta época se ha perdido, no tanto en favor de la toma de conciencia y responsabilidad individual sino del narcisis-

---

[12] R. Zafra, *El entusiasmo. Precariedad y trabajo creativo en la era digital,* Barcelona, Anagrama, 2017.

mo de la diferencia menor, por lo que seguiríamos en mala situación. De cualquier manera, el canto a la esperanza que supone la obra de Zafra es positivo, dado que la pensadora es gran conocedora del sector cultural, el feminismo y la influencia de la tecnología en la sociedad. Su visión tiene fundamento, sin duda, por eso resulta inquietante y reconfortante a un tiempo. Nos transmite que el panorama tal vez no sea tan desolador como aparenta, ya que ese mismo entusiasmo que lleva a muchos profesionales del sector a autoprecarizarse, a aceptar unas condiciones de trabajo poco dignas por la pasión que su labor despierta, puede emplearse para construir un nuevo modelo. En los usos de las últimas tecnologías y sus aplicaciones en calidad de herramientas cabría imaginar la solución.

El análisis crítico trata en gran medida de verificar si un objeto de estudio cumple ciertos criterios o condiciones metodológicas deseables y cuál es su impacto. Tal vez la deriva tecnológica traiga consigo tantos inconvenientes como oportunidades de reorientar una profesión más útil de lo que parece en la actualidad. La escritura sobre exposiciones virtuales e inmersivas es una prueba de que trabajar a distancia se ha convertido en algo habitual para el crítico, pese a que la experiencia presencial sea inigualable. Si el proyecto del que se escribe está materializado en un espacio al que podemos desplazarnos, debemos desplazarnos. No sería justo juzgar sin verlo en directo. Ahora bien, los proyectos creados por y para entornos virtuales también requieren de reflexión, se piensa y se escribe sobre ellos inevitablemente conociéndolos a través de una pantalla.

La reputación social y el valor del trabajo artístico parece que actualmente se miden en internet, ¿Cómo no iba a convertirse en el lugar donde radiquen la mayoría de las críticas? La filósofa mexicana Carissa Véliz trae a colación la privacidad, concepto cuya recuperación podría suponer el fin de la economía de los datos[13]. No se trata de que tengamos algo que ocultar, sino de que protejamos nuestros datos, aparentemente anecdóticos, para que dejen de ser utilizados constantemente por estructuras económicas de poder. Quién tiene el conocimiento es vital y nuestra información personal está cediendo demasiado poder a las grandes empresas tecnológicas y a los gobiernos, porque así es más fácil predecir nuestro

---

[13] C. Véliz, *Privacidad es poder: datos, vigilancia y libertad en la era digital*, Madrid, Debate, 2021.

comportamiento e influir en él. Recuperar la privacidad es la única manera de que podamos tomar de nuevo el mando de nuestras vidas, de recuperar autonomía, según Véliz. Sólo así es factible el mantenimiento de un espíritu crítico, con libertad. Pero, entonces, ¿cuál es la fórmula para comunicar en redes sin perder privacidad? No existe, a menos que se comunique desde un avatar, desde el anonimato. Aun así se deja rastro y, en cualquier caso, no son condiciones para la crítica.

Ejercer la crítica y exponerse a las redes es precisamente arriesgado cuanta más intimidad se comparta, ya sea porque se geolocaliza al crítico y se producen persecuciones o escraches, además de porque sus acciones y compañías en redes van generando una opinión sobre su persona que condiciona la recepción de sus reflexiones. Por ejemplo, si un crítico de arte interactúa en redes sociales con un determinado personaje público, sus seguidores inmediatamente deducirán que hay simpatía entre esas dos personas. O bien, si el crítico muestra que sigue las publicaciones de un político, entonces habrá quien piense que comparten ideología y, por lo tanto, cualquier reflexión que choque con la ideología que se le presuponga al crítico se interpretará hipócrita. Sin embargo, la interacción en redes, incluso la simpatía más allá de ellas, no es un indicador de compenetración a nivel profesional. Ya hemos dicho que el ámbito cultural es pequeño y sus agentes suelen conocerse, coincidir, así que una fotografía en la que se reúnan personalidades de diferente signo y posición con motivo, por ejemplo, de una exposición o cualquier otro evento cultural es muy corriente, sin que ello implique afinidad. No obstante, en esa pérdida de privacidad que apuntábamos se da la reproducción de comentarios, imágenes e interacciones distorsionadas o sacadas de contexto para comunicar muchas veces lo opuesto a lo que pretenderían los agentes implicados.

Actualmente no existe ninguna red social que no emplee algoritmos de recomendaciones para enganchar al usuario mostrándole lo que detectan que es un patrón de compromiso de atención. Los algoritmos favorecen las emociones extremas y el itinerario que plantean potencia el motor de recomendaciones para maximizar el tiempo que se pasa dentro de una plataforma. Rápidamente el usuario acabará consumiendo contenidos con mensajes negativos, emocionales y polémicos porque aumentan los probabilidades de recibir más visualizaciones. El sistema de recomendaciones de los algoritmos lleva tras de sí un aprendizaje que es previo a la IA. Las redes neuronales de aprendizaje profundo hacen que el ordenador evolucione de forma autónoma y ejecute las órdenes sin atender al trasfondo ético de los sesgos que un humano tendría en cuenta. Esto nos lleva a rendirnos ante la evidencia de que cualquier algoritmo no tiene ni tendrá jamás capacidad crítica. Muchos algoritmos que acumulan las tendencias y deseos momentáneos de los usuarios experimentan en masa y adquieren una información sumamente poderosa a fin de anticiparse a la expresión del deseo humano. Nuestra capacidad crítica puede verse mermada cuanto menos pensemos por nosotros mismos y más deleguemos en las máquinas.

Las tecnologías digitales facilitarán herramientas para trabajar en el periodismo cultural y la crítica a quienes adquieran la habilidad de utilizarlas apropiadamente. Ahora mismo, el sistema capitalista incentiva usar la tecnología para explotar a las personas por dinero, lo cual no es en absoluto sostenible por más tiempo. Ya no aporta esperanza, igual que ningún otro sistema imaginable por el momento. Hemos de estimular esa esperanza a partir de imaginar un futuro diferente, escenarios venidos de sistemas alternativos. Nuestra civilización no tiene sus cimientos en la economía. La revalorización de las humanidades es crucial y la vigilancia constante es una de las razones por las que se arriesga menos a la hora de opinar diferente, a no ser que se haga para sumarse a una corriente de moda que pretende crecer gracias precisamente al conflicto. No olvidemos que internet tiende a amplificar lo negativo. En la era de la posverdad, todo se cuestiona para favorecer a personas o causas concretas, y surgen las teorías de la conspiración. Siempre ha habido informaciones engañosas, pero hoy se propagan con mayor rapidez gracias a las redes. Distinguir la verdad de la mentira es un auténtico reto, porque muchas personas comparten contenidos nocivos incluso a sabiendas de que no son ciertos. Ello para servir a intereses personales o dogmas.

La verosimilitud o la apariencia de verdadero que tiene una supuesta realidad que alguien nos presenta se ve afectada por las reglas del juego comunicativo que marcan los algoritmos. Ávidas por generar reacciones y opiniones rápidas, a fin de desvelar los deseos y las inquietudes de sus usuarios, las redes muestran el contenido a cada cual según unos parámetros que marcan a qué estímulos se está más predispuesto a saltar. Mientras el usuario se pregunta por qué está viendo esto o aquello, ya se ha formado una idea sobre lo que se le expone, estará otorgando valor al contenido o descartándolo en cuestión de segundos. A lo mejor, lo que está recibiendo ni siquiera es real en sentido estricto, por muy verosímil que parezca. A estas alturas puede tratarse de información absolutamente manipulada y generada por una IA. La transformación digital conlleva, por lo tanto, la necesidad de unos cuidados mínimos. En ese sentido, la Unión Europea ha sido la primera en establecer reglas claras para el uso de la IA. La norma permite o prohíbe su empleo en función del riesgo que genere para las personas y se aplicará en fases legislativas, contemplando multas de hasta 35 millones de euros. Esa ley teóricamente frenaría los casos de usurpación de la identidad, la manipulación informativa y el mal uso de los datos que se recaban de los usuarios. Pero todo eso es difícil de asegurar y, si bien sólo en democracia se puede ejercitar la crítica libremente, es decir, con las libertades necesarias para ello, la lucha por la equidad es una constante, por lo que dificulta que las grandes tecnológicas desarrollen todo su potencial de crecimiento económico. El neoliberalismo choca con la democracia una y otra vez.

El sector tecnológico ha promovido mucha especulación sin dejar claros los valores éticos que deberían mantenerse por unanimidad. El interés general, que se identifica con el bien común de la sociedad entera, no es precisamente lo que más se tiene en cuenta por parte de las empresas tecnológicas a las que pertenecen la mayoría de las aplicaciones que utilizamos a diario para comunicarnos. Que hoy día tengamos más acceso al conocimiento que nunca no nos libra de cantidad de sesgos peligrosos para las relaciones humanas; de hecho se han visto acrecentados por los algoritmos, que no dejan lugar a una ética de la indiferencia. Siendo parte esencial de la actitud crítica, la indiferencia tiene también una dimensión ética fundamental, como apunta Sebastiano Ghisu. En su ensayo *Elogio de la indiferencia o la tolerancia plena*[14], el crítico italiano explica por qué no debemos supeditar juicios de valor a las

14 S. Ghisu, *Elogio de la indiferencia o la tolerancia plena,* Madrid, Sequitur, 2014.

circunstancias o factores externos que se nos presenten sobre algo que estamos investigando. Esto, que es un cimiento básico para la obtención y el análisis de datos objetivos, se ha visto casi anulado en medio de la revolución tecnológica.

Seguimos anonadados con la transformación digital que aceleró la pandemia y que llevó a mantener museos cerrados, sobre cuyas exposiciones hubo que trabajar en la distancia. Aquello pudo constituir un revulsivo para el estudio del ámbito cultural, visto retrospectivamente. Mientras qué contar sigue siendo el ingrediente fundamental, ahora se tiende a agudizar el ingenio y a plantear desde el ámbito cultural una variedad de formas de aproximación acordes con las limitaciones físicas a las que nos hemos visto sometidos. Lo virtual y el formato *online* venían para quedarse, no para sustituir a la experiencia presencial pero sí para pasar a hibridar contenidos en función de las necesidades que la vida va creando. La crisis sanitaria de 2020 forzó a convertir las salas de exposiciones en lugares más versátiles que antes, a la vez que forzaba a la crítica a replantearse algunas dinámicas. Sin embargo, poco cambió en lo global y comunitario; el lema «Saldremos mejores» se difuminó en el tiempo y se convirtió en el título de un *podcast* humorístico a cargo de las comunicadoras Inés Hernand y Nerea Pérez, amortizado económicamente por la plataforma Podium Podcast. Porque hasta las causas más nobles y las heridas más profundas pueden monetizarse si se parodian y doblegan ante el oportunista liberalismo económico.

Las redes sociales y sus algoritmos fomentan una comunicación directa que permite a los artistas prescindir de intermediarios en la venta de sus obras y al público disfrutar de un acceso privilegiado, en primera fila, a los procesos creativos. La retransmisión en directo de un artista en su estudio mostrando cómo pinta, qué materiales emplea en sus piezas, cuáles son su espacio de trabajo y su ritmo, despierta el interés y conecta al autor con posibles compradores. Incluso puede que incite al coleccionismo a espectadores que de otro modo no se hubieran planteado empezar a coleccionar arte hasta que, como por arte de magia, una aplicación informática decidió que ese contenido les interesaría. Cada algoritmo, en combinación con otros y con la información que recaba de los usuarios, establece unos parámetros de susceptibilidad. Si se es propenso a consumir vídeos de procesos artísticos, se verá incrementada la oferta de estos en cuanto inicie sesión. La publicidad dentro de la aplicación tendrá que ver con ese tema y al final la figura del artista, teóricamente liberado e independizado de galeristas y marchantes gracias a las redes sociales, se someterá a una especie de conversión en creador de contenido digital.

El crítico que ejerza de divulgador en redes sufrirá el mismo destino y, por lo tanto, habrá un algoritmo incitándole a generar más y más contenido, a ser posible en directo, con la promesa de rentabilizar dicho esfuerzo a través de las donaciones de los usuarios, el número de visualizaciones y un porcentaje de beneficios que varía de forma caprichosa en cada aplicación. De nuevo, los honorarios se convierten en un premio de consolación y no en un derecho, acrecentando la precariedad salarial del sector. Se ha hecho frecuente observar a grandes creadores de contenido, con comunidades de millones de seguidores, quejándose de que se les ha aplicado una amonestación o retenido el saldo en más de una ocasión. Ser *influencer* del mundo del arte es un espejismo, ya que una cantidad brutal de seguidores no asegura un salario digno, ni siquiera conlleva beneficios a medio plazo, sólo a corto, como quien tiene una zanahoria por delante del hocico y un palo golpeando su lomo por detrás. Esa metáfora por supuesto se relaciona con el uso de recompensas y sanciones a fin de inducir un comportamiento deseado que únicamente beneficiará a quien lo promueve. De nuevo, el tipo de capital que percibe el comunicador a través de las redes es capital simbólico.

La jerga del *marketing* y la mercadotecnia se ha extendido en el uso de las redes sociales como escaparate de autopromoción. Para el mundo del arte es un escaparate muy útil pero también bastante esclavo, porque se toma por un trabajo a tiempo completo cuando debería de suponer un complemento de apoyo al que se dedica un tiempo acotado y razonable. Antes de tener acceso a las redes sociales y sucumbir inevitablemente a sus rasgos adictivos, no es que tuviésemos mayor interés o atención, es que empleábamos el tiempo de otro modo. Entender los principios básicos de la modificación del comportamiento es a lo que se ha dedicado buena parte de la psicología en los últimos 50 años y los estudios derivados han sido hábilmente empleados en la industria del entretenimiento.

Todavía no se han concretado unas reglas para controlar el ansia por la gratificación instantánea. El enganche a las redes sociales, paradójicamente, nos aísla en ocasiones, porque pasamos demasiado tiempo mirando a los otros a través de las pantallas y perdemos capacidad de empatía. Y es que esa, como tantas otras, es una habilidad humana que se adquiere y fomenta en el cara a cara. Mientras que la reafirmación social en los entornos digitales se ha convertido en una obsesión para muchas personas, se va perdiendo capacidad para socializar fuera de dichos entornos, incluidas las habilidades dialécticas para debatir y defender una postura crítica en persona. Las tecnologías en sí mismas no tienen un impacto negativo, pero sí la sobreexposición a ellas. Cuánto más tiempo pasamos ante las pantallas, tenemos peor calidad de vida; por lo tanto, necesitamos apartarnos de ellas lo suficiente para alcanzar todo nuestro potencial.

Los divulgadores culturales manejan las redes con unos códigos a los que los críticos pueden aproximarse, pero la crítica es otra cosa, no se consume en píldoras de contenido, por muy trabajado que esté el canal de divulgación. Las aplicaciones en las que se comparten contenidos relacionados con la cultura son útiles como puente para provocar la visita al museo, la lectura de un libro… Metainformación. O sea, tratar de subvertir los límites del formato digital es una tarea pendiente de la crítica de arte que no ha de recaer sobre los hombros de quien buenamente dedica parte de su tiempo a divulgar información cultural. Porque las redes constriñen el lenguaje, lo limitan, por lo tanto alteran la relación entre las formas del lenguaje y el mundo. En dos frases que permita la plataforma X no es factible una crítica, sólo afirmaciones cortas, una forzada síntesis cuyo único atractivo se halla en el enlace que lo acompañe para acceder a una información expandida, un artículo o un vídeo largo que a la vez nos llevará a consultar fuentes primarias como libros mencionados por quien elabore el discurso. Tampoco 90 segundos de vídeo dan para elaborar una crítica en un *reel* de Instagram, y TikTok emplea otras dinámicas. Si acaso la crítica se aproxima a través de la pantalla hoy día, lo hace en canales de YouTube, con vídeos largos, en los que se citan las fuentes y se abre espacio para el pensamiento. Aunque más que crítica de arte lo que encontramos en esa plataforma y, en general, en el formato vídeo es crítica literaria. A menudo crítica de libros sobre arte, no tanto en torno a eventos culturales u obras. Además, por el empeño en monetizar los vídeos con algo que acumule el mayor número de visualizaciones, suelen ser críticas negativas. No siempre pero sí mayoritariamente se comparten vídeos en los que se desprecia el objeto de estudio.

En el breve pero jugoso ensayo *Estética a golpe de like*, Fernando Castro Flórez, quien mantiene muy activo su canal de YouTube, explica que actualmente abundan los intelectuales que desprecian lo contemporáneo «con una mezcla de nostalgia pseudo-aristocrática y perplejidad frente a las transformaciones tecnológicas»[15], pero que conviene asumir que existen nuevos lugares de intervención, medios y zonas de discusión híbridas, aprendiendo a navegar en el contexto que ofrece el algoritmo digital de turno. Lo estético ya no es algo marginal como en los años setenta del siglo pasado porque ha tenido un papel crucial en el posmodernismo. En ese sentido, Margot Rot sigue la misma línea de pensamiento cuando afirma que «nuestras construcciones subjetivas, que siempre han dependido de la mirada de confirmación del otro, se desarrollan hoy también en el espacio virtual. Sostenemos, con nuestros pensamientos, nuestras preferencias y nuestros gustos, una industria que depende por entero de que estemos ahí para observar y ser observados»[16].

Comunicar en redes es para Rot un tipo de trabajo a veces no remunerado que también define a las personas. Ligados a nuestra actividad virtual, la utilizamos como modo de expresión identitaria que se monetiza mediante contenido a través de plataformas que almacenan datos de todos los usuarios. «Expresar nuestro desaliento en internet se ha convertido en un hábito, en una forma de comunicar aquello que quizá en otros espacios no podemos comunicar. Nuestras quejas, lo ofendidos que estamos, los blogs personales que dedicamos a nuestras tristezas o los hilos de Twitter que leemos denunciando situaciones sociales. Un sinfín de formas de expresión de emociones que no encajan dentro de los parámetros capitalistas. El dolor que sentimos es compartido en pantalla y, a veces, logra atravesarla»[17]. Esa es la potencialidad que ofrece atravesar espacios materiales diversos como el virtual, la parte buena

---

[15] F. Castro Flórez, *Estética a golpe de like,* Murcia, NewCastle, 2016.

[16] M. Rot, *Infoxicación: identidad, afectos y memoria; o sobre la mutación tecnocultural,* Madrid, Paidós, 2023, p. 133.

[17] *Ibid.*

que se le puede sacar a la deriva tecnológica actual, sorteando las estructuras sociales en busca de comunidad.

A la hora de valorar la interacción entre usuarios y cuáles son los tipos de relaciones que se dan entre conceptos, Juan Martín Prada es bastante crítico, porque las consecuencias de la hiperconectividad digital afectan a la creación artística y a la crítica de arte. En su ensayo *Teoría del arte y cultura digital*, apunta un cambio de paradigma en cuanto al concepto de interacción, pues antes imponía una bilateralidad en la acción: ser percibido por la máquina, pero también afectarla. En oposición a la integridad dada y totalizante de la obra de arte cerrada, la interactiva pertenecería a la categoría de obra flujo u obra en proceso como generadora de una determinada situación[18]. Así, Martín Prada introduce la experiencia de la obra interactiva no sin señalar las dificultades que va a suponer teorizar sobre ella, en constante cambio. Al mismo tiempo, nos lleva a reflexionar sobre el hecho de que ya no se afecta a la máquina como antaño, ahora los algoritmos ostentan poder, ya sea por los datos que acumulan de cada persona, por la capacidad de reorientar nuestra atención o por la combinación de ambas cosas.

Harari avanzaba, en su mencionado *Homo Deus*, que los organismos dominantes del siglo XXI son los algoritmos y que vivimos ante la creciente amenaza de que, en un mundo sometido al tratamiento de datos, el ser humano pierda su preeminencia dando paso a la supremacía de las máquinas. Quizá sea una visión apocalíptica, a la altura del realismo capitalismo de Fisher, gestadas ambas en la medida en la que hemos perdido la capacidad de imaginar utopías porque vivimos bajo demasiada presión para detenernos a fantasear con ellas. Y las utopías requieren lentitud, son más complejas y menos emocionantes que las distopías. ¿De verdad no hay alternativa? ¿Vamos a ser esclavos perpetuos de sistemas que ni siquiera sobrevivirían sin electricidad? Tal vez el patrimonio cultural humano esté por encima de eso, a lo mejor lo que necesitamos es rescatar el pensamiento crítico y plantear nuevos modos de existencia.

---

[18] J. Martín Prada, *Teoría del arte y cultura digital,* Madrid, Akal, 2023, p. 183.

EL OBJETIVO DE CONCIENCIAR
SOBRE LA CONSERVACIÓN DEL PATRIMONIO CULTURAL

El filósofo francés Gilbert Simondon hizo patente la necesidad de una reconstrucción completa de los modos de comprensión a los modos de existencia en el siglo XX. Ahora el siglo XXI pone al ser humano en una encrucijada interdisciplinar que requiere nuevas estructuras de conocimiento, despertar un espíritu crítico adormecido, afrontar los desafíos de la crisis medioambiental y la coexistencia con otras especies a las que el planeta también pertenece. Todo ello es imposible sin poner por encima de ideologías nuestras cuestiones culturales y priorizar la conservación del patrimonio cultural, objetivo al cual se está contribuyendo mucho desde la divulgación digital.

La transmisión de conocimiento científico a través una variedad de canales digitales para llegar a una audiencia específica cobra fuerza cuando se inocula en el terreno del entretenimiento. Esto tiene sus pros y sus contras, ya que conciencia y sensibiliza a algunas personas, mientras que a otras las lleva a banalizar la información o a confundirla con ficción. Más allá de los documentales, los vídeos de divulgación sobre aspectos culturales suelen abordar ciertos aspectos críticos porque no dejan de abrir un debate historiográfico. Eso también es parte de lo que sucede cuando la divulgación llega al público indicado, que no sólo se entretiene escuchando curiosidades, sino que aprende y se ve motivado a investigar para formarse una opinión. Así, diferenciamos entre diferentes calidades de contenidos, los sensacionalistas y los rigurosos, y estos últimos pueden estar concebidos desde el humor, con gancho y lenguaje coloquial, pero siempre desde una fundamentación histórica y una honradez a la hora de comunicar.

Muchos monumentos se están considerando respetables por un público que, o bien los ignoraba o bien los despreciaba, porque ahora encuentra fuentes de carácter informativo en las que hay una elaboración del mensaje para hacer entender las problemáticas en torno al patrimonio. Los razonamientos más allá de una dimensión profesional incentivan aportando datos curiosos que capten la atención y terminen por evidenciar una valoración. La conexión emocional que ha logrado la divulgación en el siglo XXI es más rápida y directa que la conseguida por la crítica de arte en todo el siglo XX; no obstante tiene una menor permanencia, su fluidez conlleva efimeridad, al mismo tiempo que no consigue calar en el mercado, mientras que la crítica sí solía hacerlo. De todas formas, por su impacto rápido y a gran escala, llegando a multitud de usuarios, instituciones de todo el mundo se han volcado en colaborar con divulgadores en sus redes sociales para dar a conocer la riqueza patrimonial de los museos, pues la misión de una institución cultural es transmitir cultura y hay que hacerlo adaptándose a cada época.

Nuevas estructuras de conocimiento se multiplican en el formato digital a cada minuto. Las humanidades se han convertido en parte del entretenimiento de mucha gente y quizás ahí resida el germen del auge de medidas en torno a la conservación del patrimonio. También los medios se han hecho eco de los ataques a obras de arte y monumentos vandalizados, viralizando imágenes que suscitan indignación y, por lo tanto, despiertan un sentimiento de pertenencia y de protección que no tiene que ver ni con chovinismos ni nacionalismos, sino con el aprecio a la rica variedad tipológica de los bienes creados por otros seres humanos a lo largo de la historia. La conservación del patrimonio establece un diálogo entre personas de épocas muy distintas, compartiendo preocupaciones, necesidades y tendencias por el hecho de pertenecer a una misma especie capaz de generar cultura.

Antes de que nos viciásemos a buscar todo conocimiento de la historia a través de las pantallas, el medio más eficaz y directo era el archivo. A finales del siglo XX, el historiador francés Michel Duchein vaticinó que la integración de los archivos en el campo de la vida cultural sería en un futuro cuestión de vida o muerte para la profesión de los historiadores del arte. Menos de una década después, el libro *Archivos y cultura. Manual de dinamización* recogía las reflexiones de una selección de pensadores sobre la identidad de los archivos, el patrimonio, el mecenazgo y la pedagogía con el público de los museos, alentados por las afirmaciones de Duchein en sus obras y conferencias.

El contacto con las fuentes originales de la historia, los objetos y los documentos, centró la atención de los autores de dicha publicación, que vio la luz en 2001, anticipándose a muchas de las reacciones que hemos ido viendo que se sucedían durante las últimas décadas. Lurdes Boix ponía el acento en el valor de la autenticidad, la necesidad de contar con fuentes originales que el público pueda verificar *motu proprio* acudiendo a los museos e investigando en los archivos:

> Parafraseando la expresión del escritor Francesc Candel referida a la marginalidad, la historia oral siempre ha sido considerada la pariente pobre de los archiveros y de los historiadores, si es que tenía alguna consideración. Y precisamente en los últimos años se ha demostrado su utilidad en el marco de cualquier archivo o investigación histórica. Además, es uno de los valores que más aumenta la estima de la sociedad hacia aquellos. La recuperación de la historia local a través de historias personales de vida cotidiana aporta muchos datos que completan la información escrita en los documentos. Afortunadamente vivimos ya una mayor conciencia de la importancia de esta recuperación[19].

Entrados en este siglo, Anna Maria Guasch abordó el tránsito que va del objeto al soporte de la información, persiguiendo el rastro de la lógica del museo mausoleo a la lógica del archivo. El estado de la cuestión tiene que ver, por supuesto, con la herencia de Derrida, Benjamin y Foucault, situando el mal de archivo como un ejercicio de apropiación posmoderna en su ensayo *Arte y archivo. 1920-2010. Genealogías, tipologías y discontinuidades.* La crítica e historiadora del arte señala que, «a partir de ahí, tanto en Europa como en Estados Unidos empezaron a ser frecuentes, en distintos géneros y formatos de investigación, de los seminarios a los artículos de revista pasando por las exposiciones, los planteamientos arte-archivo»[20].

Roger Chartier, historiador francés, señala que la palabra oral y la escrita no son equivalentes. La expresión oral incluye omisiones y matices que no aparecen en la escritura, donde los pensamientos se organizan de forma precisa. Aunque el universo digital amplía las posibilidades de la escritura, el formato audiovisual no la reemplaza. La palabra y el texto son fundamentales en la construcción de la civilización y, aunque en entornos digitales también se lee y escribe, los textos en línea siguen códigos y tienen efectos distintos a los de la escritura tradicional.

---

[19] VVAA, *Archivos y cultura. Manual de dinamización,* Gijón, Trea, 2001, p. 112.
[20] A. M. Guasch, *Arte y archivo. 1920-2010. Genealogías, tipologías y discontinuidades,* Madrid, Akal, 2011, p. 11.

El texto impreso permanecerá. Así lo considera la mayoría de los intelectuales que escribe crítica cultural. Probablemente tal impresión provenga del hecho de que el archivo que se genera a partir de materiales digitales tiene unos problemas de conservación infinitamente superiores a los de los libros en papel. Cualquier archivo físico asegura una perdurabilidad de acceso que no puede confiarse a lo virtual, sujeto a los cambios de dispositivos, programación y obsolescencia tecnológica. Frente a un entorno digital innovador se mantienen los objetos y lugares que requieren presencialidad, los que son públicos y, por lo tanto, pertenecen a todas las personas de un lugar concreto, que comparten una identidad cultural. Por ejemplo, lo que se considera en España Bien de interés cultural (también conocido por sus siglas BIC) es una figura jurídica de reconocimiento y protección del patrimonio histórico español.

Al hablar de patrimonio cultural, nos referimos al conjunto de expresiones culturales, tanto tangibles como intangibles, que son heredadas de generación en generación. Esto incluye monumentos históricos, yacimientos arqueológicos, obras de arte y festividades significativas, entre otros aspectos que son considerados valiosos para una sociedad en términos de identidad y significado. Su protección mediante el cuidado, la restauración y el registro archivístico es fundamental porque ayuda a mantener viva la memoria colectiva, promoviendo la comprensión intercultural y fomentando el respeto por las tradiciones y el legado de generaciones pasadas. Además, el patrimonio cultural puede tener un valor económico y turístico significativo, contribuyendo al desarrollo sostenible de las comunidades locales.

Las dos amenazas principales que se ciernen sobre la conservación del patrimonio cultural en la actualidad son la actitud negligente de los responsables políticos a cargo y la codicia de los expoliadores anónimos. ¿Quién se encarga oficialmente de proteger el patrimonio cultural en España? El Patrimonio Histórico está protegido por la Constitución de 1978 y por la ley que tiene como objetivo su protección y conservación. Es, por lo tanto, el Estado quien debe garantizar su salvaguarda a través de diferentes instituciones y representantes de las mismas. Hay gestores culturales de los que depende patrimonio y directivas de museos que gestionan espacios BIC. Lamentablemente, se han dado casos de abandono e incluso la sonora condena penal al director de una red museística por daños al patrimonio en un centro de arte. El respeto y la consideración en el sector cultural, como en tantos otros, se predican mucho, pero no siempre dando ejemplo. Minimizar tales situaciones, a menudo por intereses políticos, perjudica tanto a los profesionales como a la ciudadanía.

Hecha la ley, hecha la trampa, dirían algunos. Así que, en lo concerniente a respetar el patrimonio tangible, los cazatesoros, movidos por una avidez fantasiosa de descubrir misterios cerca de yacimientos arqueológicos, están haciendo bastante daño. El acceso a detectores de metales ha sido popularizado por páginas web de aventureros que los compran y exhiben sus peripecias en busca de hallazgos sin ningún conocimiento histórico. Se los llama «piteros» por el pitido que emiten sus buscadores de metales, y causan un creciente malestar entre historiadores, arqueólogos y conservadores de arte. Se supone que siguen un código de buenas prácticas, pero cada semana vemos en las noticias casos de expolios y auténticas barbaridades, por ello son objeto de críticas. Los robos de patrimonio arqueológico para beneficiarse económicamente se extienden por todo el mundo.

La colaboración internacional y las campañas de sensibilización son medidas cruciales para caminar hacia un futuro en el que prime la conservación del patrimonio como un bien común. Es lo que quedará para la posteridad, tal vez sólo retratado en archivos, si el tiempo termina por borrar los objetos y los lugares. Cuidar del patrimonio para que haya constancia de él y continúe pasando de generación en generación sería un buen legado, pues es constructor de nuestra realidad sociocultural. Y de tal asunto, además de la crítica en el terreno del arte, también se ocupan numerosos artistas. Porque la adecuada conservación de los legados contemporáneos es una de las problemáticas centrales a las que estos se enfrentan en la actualidad. Sobre ello reflexionaba la artista Victoria Encinas durante su intervención en la primera Jornada Legados, que tuvo lugar en septiembre de 2023 en el Museo Reina Sofía. Encinas realizaba una serie de consideraciones respecto a cómo beneficia a la sociedad la conservación del legado de los artistas, pero que es muy difícil que los artistas carguen con el peso de sostener, precariamente y con un esfuerzo ingente, semejante patrimonio.

El patrimonio cultural se conserva a través de diversas medidas, como la restauración y preservación de edificios y monumentos, la documentación y digitalización de objetos históricos, la promoción de programas educativos y de sensibilización, y la implementación de políticas de protección y legislación adecuadas. Desde la propia creación artística se fomenta la participación comunitaria y la colaboración internacional para garantizar su preservación a largo plazo. La tecnología desempeña un papel importante en esto, por los avances en digitalización, realidad virtual y técnicas de conservación que permiten proteger y compartir el patrimonio de formas innovadoras. Sin embargo, también afronta desafíos como el deterioro natural, que se acelera por los efectos del cambio climático y el turismo masivo, lo que requiere un enfoque sostenible.

En este sentido, como avanzábamos, son muchos los artistas que se han involucrado. Algunos desarrollan su obra con la finalidad de crear conciencia sobre la importancia de preservar el patrimonio, mientras que otros trabajan en torno a la memoria histórica, colaborando con instituciones a través de acciones que contribuyan a concienciar sobre su valoración y protección. Un ejemplo notable es el trabajo del español Santiago Sierra, que prácticamente divide a la crítica. Sierra ha llevado a cabo proyectos que reflexionan sobre la memoria colectiva, los derechos humanos y la injusticia social, utilizando diversos formatos y técnicas. Su trabajo despierta debates sobre la historia y la identidad, cuestionando las narrativas dominantes y promoviendo la reflexión crítica sobre el pasado y el presente, aunque siempre bajo la sospecha de buscar la provocación.

Calvo Serraller expresó críticas hacia la obra de Sierra inteligentemente fundamentadas, cuestionando su enfoque en temas como la explotación laboral y las desigualdades sociales. El crítico argumentaba públicamente que algunas de las obras del artista pueden ser polémicas y problemáticas en su representación de ciertos grupos sociales, ahondando en la dimensión ética del impacto de su arte en la sociedad contemporánea. Sin embargo, es importante tener en cuenta que las opiniones sobre el trabajo de Sierra pueden variar ampliamente, por supuesto. Juan Vicente Aliaga coincide con Calvo Serraller sobre la obra de Sierra por su efectismo. Sin embargo, Juan Manuel Bonet ha elogiado la capacidad de Sierra para confrontar al espectador con realidades incómodas y cuestionar las estructuras de poder a través de su arte. Bonet destaca la fuerza conceptual y la contundencia de sus obras, así como su habilidad para abordar temas sociales y políticos urgentes. También considera que el trabajo de Sierra es una forma efectiva de activismo cultural que desafía las convenciones del arte contemporáneo y promueve la conciencia crítica. Es probable que Bonet considere que la conservación del patrimonio cultural es esencial para comprender el pasado, construir el presente y proyectar el futuro de una comunidad, por lo que trabajos como el de Sierra resultan imprescindibles.

En el contexto anglosajón, el crítico que ha abordado el tema del patrimonio cultural con más vehemencia quizá sea David Lowenthal. Historiador y geógrafo británico de origen estadounidense, falleció en 2018 dejando una rica herencia intelectual sobre la relación entre la historia, la memoria y el patrimonio, explorando cómo diferentes sociedades gestionan su herencia cultural. Su enfoque crítico abarca desde la teoría hasta la práctica, examinando cuestiones de autenticidad, representación y gestión. En su libro *El pasado es un país extraño* ya anunciaba la conciencia cada vez más extendida de un pasado en expansión que coincide con los esfuerzos por destruir, olvidar y convertir en obsoleto el legado de todos los pasados[21]. Lowenthal apuntaba que la rebelión contra las trabas heredadas y el desdén por la tradición han conducido a difundir cierta amnesia cultural y a desarrollar un específico culto a la conservación que puede derivar en una obsesión identitaria por las raíces y una nostalgia generalizada nada deseable.

Encontrar el equilibrio adecuado para proteger el patrimonio sin aislarlo ni estancarlo es un desafío. Tomás Llorens, destacado crítico de arte y figura clave en la historia del arte español, teorizó sobre esta cuestión con gran claridad. Defensor de la conservación y promoción del patrimonio cultural español a nivel nacional e internacional, su influencia ha sido ampliamente reconocida en el arte contemporáneo europeo. Fallecido en 2021, Llorens tuvo una destacada trayectoria en instituciones culturales, incluyendo la dirección del Museo Reina Sofía. Su experiencia en la gestión cultural le permitió desarrollar una perspectiva crítica sobre la importancia de la memoria patrimonial.

---

[21] Véase D. Lowenthal, *El pasado es un país extraño,* Madrid, Akal, 1998.

174

El objetivo de concienciar sobre la conservación del patrimonio cultural debería de unir a agentes culturales y responsables políticos más allá de su signo e ideología, porque es por el bien común. Para la conservación patrimonial trabajan codo con codo las diferentes disciplinas científicas, pero no se trata sólo de cuidar y restaurar, sino que constituye un conjunto de bienes que sostienen la identidad de un pueblo. Es innegable que ayuda a fortalecer el sentido de pertenencia y la cohesión social. Además, el patrimonio cultural desempeña un papel determinante en la educación y el entendimiento intercultural, promoviendo el respeto y la apreciación de diversas culturas y tradiciones. Por todas estas razones, ahora mismo urge proteger y conservar dicho patrimonio, y para ello resulta fundamental el papel de la crítica de arte también para la sociedad en su conjunto. En el ámbito artístico hay debate al respecto, porque las profesiones relacionadas con la conservación y la restauración, tanto de arquitectura como de obras de arte, se encuentran al borde del precipicio. De nuevo, la precariedad laboral es el mayor impedimento, ya que se trata de un sector formado por pequeñas empresas y autónomos con un ímpetu vocacional que no se corresponde con la financiación y los honorarios que perciben. Si tanto se habla de concienciar a la ciudadanía al hilo de la vandalización de monumentos que ha aumentado en el siglo XXI, cabría esperar que la Administración pública tome cartas en el asunto. Sobre todo, en este momento, parece que la esperanza recae en dignificar el trabajo de quienes se ocupan de la conservación preventiva y las intervenciones respetuosas.

Poscrítica y cancelación

Hemos asumido durante demasiado tiempo que todas las opiniones son válidas, pero eso no es cierto. «La hermenéutica es el arte de comprender la opinión del otro», afirmó el filósofo Hans-Georg Gadamer en una ocasión durante una entrevista. A lo que añadió: «La palabra debe sostener a la palabra». Por ejemplo, una opinión que presupone la negación del cambio climático, cuando es un hecho contrastado que cuenta con el respaldo del consenso científico, se considera injustificada. Cualquier opinión que parte de rechazar de manera automática los argumentos fruto de la evidencia empírica no es válida porque no se sostiene. Las opiniones válidas son las que se formulan tras recabar y procesar información fehaciente, datos contrastados, de carácter irrefutable, fidedigno e inequívoco. Una cosa es interpretar los datos de cierto modo, sin coincidir con cómo los interpreta la mayoría, y otra es negar esos datos.

A cada minuto surge una opinión sin fundamento que se viraliza por llamativa, se comparte de forma masiva y genera la movilización de personas que, al saberla popular, sin comprobar de dónde sale, presuponen hechos que pueden provocar daños irreversibles. Gonzalo M. Borrás Gualis, en su *Historia del arte y patrimonio cultural: una revisión crítica*, afirmaba: «Por su parte, la calidad artística es un juicio de valor que solo puede emitir la crítica. El valor artístico de un objeto se da en su configuración visible, en su forma, y una forma es algo dado para ser percibido, solo se comunica a través de la percepción. Por ello el juicio de valor sobre la calidad artística exige facultad de percepción, dotes que no se desarrollan en el aula, la biblioteca o el archivo, sino en la experiencia visual directa de la obra artística, donde quiera que esta se encuentre»[22].

La cancelación de agentes culturales, eventos, películas, libros, celebridades y un largo etcétera sucede muchas veces a partir de opiniones sin pruebas y sin haber tenido una experiencia directa. En ocasiones el único fundamento es el testimonio de quien formula la opinión, que puede ser válido, por supuesto. No obstante, darle la vuelta a la opinión y tomarla por un hecho fehaciente en sí misma provoca que circulen todo tipo de rumores de forma caótica e impune. Ahí se gesta la mal llamada «cultura de la cancelación», que no es una cultura sino una tendencia. Cabe diferenciar entre crítica, cancelación y censura.

En «Introducción al posmodernismo»[23], Hal Foster indica que algunos autores críticos ven el posmodernismo como una ruptura con el campo estético de lo moderno, mientras que otros se ocupan más del objeto de la poscrítica[24]. En ambos casos se considera el

---

[22] G. M. Borrás Gualis, *Historia del arte y patrimonio cultural: una revisión crítica,* Zaragoza, Prensas Universitarias de Zaragoza, 2012, p. 13.
[23] H. Foster, «Introducción al posmodernismo», en H. Foster (ed.), *La postmodernidad,* Barcelona, Kairós, 1985.
[24] Véase L. de Sutter (dir.), *Poscrítica*, Buenos Aires, Isla Desierta, 2021.

proyecto de la modernidad profundamente problemático. Sin embargo, Foster nos dice que no ha fracasado como práctica, sino que ha ganado como tradición. En este sentido, la cultura sigue siendo una fuerza importante, pero tal vez centrada en el control social, porque la poscrítica y la cancelación tienen ese objetivo, el de ejercer cierto control sobre la ciudadanía. Más que estimular el pensamiento y enriquecer intelectualmente, suponen una revolución contra los actos de reflexionar, discrepar o poner en duda. Dice Enzo Traverso que las revoluciones son momentos en los que se abre el horizonte de lo posible y se inventa el futuro. Junto a Gadamer, Paul Ricoeur, otro gran estudioso de la hermenéutica, ponía atención a la distancia entre lector y texto, porque ahí es donde puede suceder el acto de la comprensión. El horizonte del modelo ricoeuriano sería una ética de la acción que conjugue la aspiración a la vida buena como deseo humano de vivir con otros con el contexto normativo de instituciones justas[25]. No entorpecer a la verdad y a la justicia serían principios básicos del ejercicio de la crítica, que se pervierten cuando la poscrítica juega a manipular y a silenciar voces concretas.

La prensa, incluido el periodismo cultural, tiene como objetivo la búsqueda de la verdad. Pero, cuando se manipula con fines partidistas y hay quien cede, con que unos pocos sucumban a perseguir otros intereses, la visión general que se extiende es la de que ya no podemos confiar en nada de lo que se publique. Tal vez algunos movimientos de cancelación tengan una noble base, pero permitir las cancelaciones abre la puerta a una auténtica purga intelectual que afecta a la crítica, dentro y fuera de la Academia. Si acaso, los académicos se sostienen por el soporte de un puesto de funcionariado como profesor, pero los críticos independientes sin otro empleo sufren las consecuencias del repudio a un nivel mayor de precariedad. El pluriempleo va unido a la profesión del crítico en el siglo XXI. Eso acrecienta la competitividad despiadada y la connivencia con la cancelación, por despejar el terreno y eliminar competencia.

Parémonos un momento sobre la condición de pluriempleado del crítico de arte y si cualquier acción suya, ya sea en el campo de la escritura, el comisariado de exposiciones u otra de carácter pú-

---

[25] B. Contreras Tasso, *La sabiduría práctica en la ética de Paul Ricoeur,* Madrid, Plaza y Valdés, 2014.

blico, que desate la reacción de un colectivo o incluso de un colega rival, con argumentario suficiente para convertir su figura en apestada, hará que se le cierren las puertas del sector entero. Aquello en lo que la mayoría no cree, se destruye. La respuesta pasiva es peligrosa, retornamos a la valía de la acción. Esa tolerancia hacia la intolerancia lleva hacia el pensamiento único, porque destruye el espacio de la crítica. Tanto Einstein como Hannah Arendt, y mucho después Tzvetan Todorov o Enzo Traverso, apuntaron que el mundo está más amenazado por quienes toleran o fomentan el mal que por quienes lo cometen.

El silencio implica complicidad y pasar por alto la puesta en peligro del patrimonio cultural por falta de reflexión en torno a él. Decía Einstein, durante su conferencia en el Royal Albert Hall de Londres antes 10.000 personas el 3 de octubre de 1933: «Si queremos resistir a los poderes que amenazan la libertad intelectual e individual, debemos ser muy conscientes de que es la propia libertad la que está en juegos». A lo que añadió la pregunta de si debemos limitarnos a lamentar el hecho de que vivimos en una época de tensiones, peligros y carencias. Parece una reflexión propia de nuestros días, ¿verdad? Para el científico, la respuesta sería claramente negativa. No debemos limitarnos a lamentar. Hay que pasar a la acción. Las naciones sólo se sienten inclinadas a adoptar medidas progresistas, según Einstein, cuando se ven sometidas al peligro y a la agitación social. También esperaba que aquella crisis diera paso a un mundo mejor, y en cierto modo así fue durante algunas décadas. Posiblemente las de la segunda mitad del siglo XX, más concretamente sus tres últimas décadas.

Llegados a este punto, la situación requiere realizar una comparativa con lo que las sociedades occidentales vivieron hace casi cien años. En los años treinta del siglo XX, para desacreditar a Einstein, entre las filas de los fascistas alemanes se empleaban argumentos tales como que sus trabajos teóricos no eran una aportación a la humanidad sino un alarde de egocentrismo. El descrédito hacia los intelectuales y la falta de capacidad crítica marcaron aquellos años. A su trabajo se lo calificó de *dadaísmo científico.* Como si fuera el producto de una época confusa, consecuencia de la decadencia intelectual y moral de la sociedad alemana, promovido por cierto tipo de prensa. Echar la culpa al periodismo sin preguntarse por qué publica la prensa lo que publica, sin recurrir a añadir contexto, y presuponer una decadencia intelectual y moral es lo que se está haciendo un siglo después en España para invalidar la información de algunos medios y la opinión de las voces críticas. Sin embargo, no es una tarea orquestada por la derecha española, ni siquiera por las derechas europeas.

¿Acaso estamos ante el *nuevo desorden mundial* que vaticinaba Todorov en su ensayo homónimo? Según explicaba en ese libro de 2003, haciendo un análisis retrospectivo de nuestra historia para intuir el futuro desde su humanismo crítico:

> En el siglo XX, los países europeos fueron víctimas de la opresión totalitaria. En primer lugar la dictadura comunista, en el Este, y después el terror nazi, en el Oeste, antes de convertirse en el escenario de un enfrentamiento generalizado en el curso de la Segunda Guerra Mundial, acompañado por innumerables crímenes y por el exterminio perpetrado por los nazis contra las «razas inferiores»: judíos y gitanos. El sistema comunista salió reforzado y se amplió aún más, antes de que se iniciara el periodo de contención de la Guerra Fría. Todos estos acontecimientos constituyen la dolorosa herencia de la vieja Europa. Si hoy Europa ha renunciado a sus ambiciones imperiales, es porque sabe muy bien cuál es su precio[26].

Para Todorov, la propia convivencia de tantos pueblos, con idiomas y costumbres distintas, en un espacio limitado, es lo que constituye la característica más encomiable de Europa. No obstante, la identidad europea actual no se limita a datos históricos o geográficos, sino que se compone de ciertos valores que, tal como Todorov, explicaba deberían de ser la base del llamado proyecto europeo. Con una capacidad de convocatoria a universal ya que esos valores abarcan conceptos tales como la racionalidad, la justicia, la democracia y la libertad individual. «Si los europeos se niegan a estar dirigidos únicamente por las fuerzas económicas, es también en nombre de la justicia. En los países comunistas, la economía se deterioró porque estaba sometida a la política. Pero tampoco tiene sentido que la política obedezca en todo a la economía (a las leyes

---

[26] T. Todorov, *El nuevo desorden mundial*, Barcelona, Península, 2003, p. 114.

del mercado): la dinámica económica tiene que poder actuar, pero tanto los Estados como la Unión Europea tratan de limitar y corregir sus defectos para garantizar la justicia social, es decir, la protección de los más débiles (no en forma de una redistribución automática de las riquezas sino de una solidaridad institucionalizada)»[27]. Este es el principio en el que se fundamentaba la conciencia europea hace algo más de dos décadas. Sin embargo el neoliberalismo ha ido haciendo mella en los valores mencionados y el individualismo impera, poniendo a la ciudadanía cada vez más a merced del mercado.

En este sentido, la reunificación de los Estados europeos fue un paso del que no había precedente, por eso Todorov llamó a Europa «potencia tranquila», ya que, al rechazar el imperialismo y los conflictos militares, la Unión Europea no ambicionaría controlar asuntos del mundo entero. Se limitaría a cuidar de su ciudadanía y sus recursos como potencia regional (continental) sin el deseo de igualar a las hiperpotencia norteamericana ni enfrentarse a ella. No contaba con el auge casi cíclico del extremismo y con el rumbo que tomaría Rusia bajo el mandato de Putin, la guerra contra Ucrania y la gravedad con la que se avivaría el conflicto entre Israel y Palestina. Todorov, como muchos otros intelectuales, confiaba en la reconstrucción de las izquierdas europeas y en una Europa futura más progresista, unida y fortalecida. Una Europa que, además, se centraría en los valores de su modelo y no importaría excentricidades estadounidenses como el trumpismo y el debate sobre la mal llamada «cultura *woke*», que no es una cultura y tanto daño hace a la crítica porque se asocia con ella, igual que la cancelación, siendo *woke* un término vacío de contenido en la actualidad.

Políticos y votantes conservadores han utilizado «*woke*» para referirse despectivamente a valores progresistas, mientras que entre la izquierda se llama *woke* al conservadurismo. Entonces, se trata de una idea con un planteamiento que hace aguas por todas partes, ¿es de izquierdas o de derechas? Lo *woke*, que surge entre personas norteamericanas de izquierdas que rechazan el racismo y se refieren a un tipo de despertar, es un tema que ha terminado por ser peligroso para la izquierda. Así lo entiende la escritora, crítica literaria y articulista Laura Freixas, quien propone, a lo largo de su

---

[27] *Ibid.*, p. 119.

escritura más reciente, que el problema de lo *woke* no es que vaya demasiado lejos en el progresismo, sino su carácter neoliberal bajo apariencia progresista. Todo lo que lo rodea es tan provocador que resulta fácil para la derecha azuzar una reacción y destruir los razonamientos de izquierdas cuando estos se refugian en la superioridad moral y acaban derivando en censura. La libertad de expresión se ha convertido en algo deseable sólo para los que piensan del mismo modo dentro de un grupo. Así, el periodismo cultural y la crítica se ven afectados por la amenaza de la cancelación si se sobrepasan ciertos límites.

Lo *woke*, que pasó de tratar de definir a personas concienciadas con problemáticas sociales a ser un arma arrojadiza desde la derecha, también recibe críticas desde el progresismo, y es que ha terminado por convertirse en un concepto mayormente empleado contra la izquierda por unos motivos concretos. ¿Quién cancela a quién? ¿Cuál es el límite? Veamos un ejemplo que quizás ayude a esclarecer estas dudas: la Universidad de Harvard retiró en 2024 la encuadernación de piel humana de un libro del siglo XIX que formaba parte de su colección bibliográfica. La obra, escrita por Arsène Houssaye a mediados de la década de 1880, estuvo en la Biblioteca Houghton desde los años treinta del pasado siglo. El origen de tan siniestra encuadernación no tiene que ver con el colonialismo ni los zoos humanos habituales a final del siglo XIX e inicios del siglo XX en Europa. Como su retirada tampoco tiene que ver con descolonizar la biblioteca. Sin embargo, todo ello confluye en que está relacionado con la preservación de la dignidad humana. Según contó la cadena BBC en televisión, Houssaye le había regalado el libro a su amigo, el doctor Ludovic Bouland, quien lo encuadernó con piel del cuerpo de una paciente no reclamada que había fallecido por causas naturales. Utilizar aquellos restos humanos fue irrespetuoso y nada ético, de modo que con retirar ese ejemplar se pretende restaurar la dignidad de la mujer cuya piel fue utilizada profanando su cuerpo. Pero no fue una ocurrencia extraña del doctor, ya que del siglo XVI al XIX este tipo de prácticas era común llevarlas a cabo.

¿Se considera oportuna la revisión de estos casos antiguos con los estándares éticos actuales? Existe consenso al respecto, pero en redes sociales algunas personas tildaron la medida de *woke.* ¿Por qué? Por relacionarla con el revisionismo histórico desmedido, y no se trataba de eso. Hay revisionismo que resulta ridículo y luego hay cuestiones que revisar simplemente porque hemos evolucionado como civilización. El ejemplo de la retirada del ejemplar encuadernado con piel humana es de justicia, no responde a una ideología de izquierdas ni de derechas, sino a la ética mínima del sentido común. Reinterpretar la historia y tratar de generar nuevos relatos del pasado destacando a personajes que quedaron silenciados o cuya dignidad se vulneró lleva a veces a meter con calzador ideas que distorsionan la verdad. Tal sería el ejemplo de narraciones históricas en las que se otorga protagonismo a quienes en realidad no tenían voz porque las injustas condiciones de la época les privaban de ella. Invertir los roles corre el riesgo de incurrir en blanquear la historia cuando a menudo se pretende repararla. No queremos fomentar el relativismo, pero mejor que hacer callar a quien se equivoca sería dejarle exponer sus ideas e ilustrarle, aportando datos congruentes, en caso de que no se equivoque a propósito con la finalidad de manipular a los demás o de favorecer a unos colectivos por encima de otros. Alrededor de estas cuestiones pasa de puntillas la crítica por el miedo a la cancelación, que, insistimos, no es una cultura pero sí una tendencia al alza.

En marzo de 2024 tuvo lugar el seminario «Feminismo y cancelación», organizado por la Asociación Clásicas y Modernas en el Centro de Documentación y Estudios Avanzados de Arte Contemporáneo (CENDEAC) de Murcia. En él se analizaron aspectos relacionados con el derecho a opinar en pleno siglo XXI y se cuestionaron peligros como asumir que una parte de la población se crea con derecho a callar a la otra, además de reivindicar el diálogo como punto de encuentro entre planteamientos distintos para establecer la base de la convivencia democrática. No se estaba acusando de silenciadora a la derecha precisamente, más bien parece que se señalaba que esto pasa entre personas que se consideran progresistas y lo aceptamos sin más. Asimismo, se abordó la cultura de la cancelación como fenómeno social por el que se niega la oportunidad de expresarse a un individuo o a un grupo debido a que sus opiniones son consideradas socialmente ofensivas para un determinado colectivo, generalmente tipificado en riesgo de exclusión. De ahí que se asocie a la izquierda en su facción más moralista y no tanto a las personas conservadoras, paradójicamente. Es lo que el ensayista libanés Nassim Taleb llama «la dictadura de la pequeña minoría» en su libro *Jugarse la piel: asimetrías ocultas en la vida cotidiana*[28]. Rosa María Rodríguez Magda impartió la conferencia «Lo posmoderno, lo *woke* y el feminismo» e, igual que Taleb, ponía sobre la mesa la pregunta por esas personas que dan más lecciones que ejemplos y consiguen llegar al poder. Porque quienes mueven los hilos no suelen mancharse las manos, no se juegan la piel, se mantienen en un estrato de protección que no deja de ser una diferencia de clase. La clase obrera y el activismo de a pie sí arriesgan cuando alzan la voz; por lo tanto, tienen menos posibilidades de llegar a tomar las riendas, según esta la lógica. En su controvertido libro, Taleb muestra que jugarse la piel puede afectar a todos los aspectos de nuestras vidas: «Nunca confíes en nadie que no se juegue la piel. De lo contrario, los tontos y los ladrones saldrán beneficiados, y sus errores nunca los perseguirán», asevera. Entonces, bajo el yugo de la precariedad salarial, la amenaza de la cancelación y la exposición pública, ¿cómo va a haber crítica de arte que se juegue la piel? Hay absoluto terror a convertirse en paria, a verse privado del imaginario carné de progresista, feminista o ecologista si se pone en duda una opinión ajena convertida en dogma al hacerla pasar por un hecho.

A la semana de celebrarse el mencionado seminario, la asociación organizadora era de las pocas en pronunciarse sobre un caso de cancelación bastante surrealista a raíz del episodio sucedido a la antropóloga mexicana Marcela Lagarde en la Universidad Complutense de Madrid. Lagarde es una de las activistas feministas más relevantes de la actualidad, acuñó el término *feminicidio* y es considerada un pilar en la lucha feminista de México y América Latina. Fue invitada a España para impartir una conferencia en la Facultad de Ciencias Políticas y Sociología, pero, apenas comenzó a hablar, un grupo de personas encapuchadas se levantó a gritar contra la ponente y fue acusada de transfobia. La decana de la facultad, María Esther del Campo, trató de mediar con los manifestantes, pero no pudo hacer nada. El acto tuvo que concluir en una sala más pequeña a puerta cerrada por seguridad. La charla iba sobre el borrado histórico de las mujeres en general, no señalaba a las mujeres trans; sin embargo,

---

[28] N. Taleb, *Jugarse la piel: asimetrías ocultas en la vida cotidiana,* Barcelona, Booket, 2021.

los ánimos están crispados y el simple hecho de debatir sobre las mujeres como sujeto político irrita a personas que consideran que eso, en vez de ayudar, contribuye a discriminar. Increíblemente, una representante internacional de la lucha feminista pasó a no ser considerada feminista por gran parte del colectivo LGTBIQ+, demonizada por la comunidad trans y sometida a improperios.

Profesionales que ejercen la crítica y están expuestos en medios, foros públicos y redes sociales se ven amenazados por la cancelación constantemente. Pero, si sus voces no tienen una repercusión en la esfera pública, entonces tampoco hay mucho que hacer. Hemos mencionado en un capítulo anterior el caso de la artista María Izquierdo. Pues Izquierdo también sufrió cancelación, hace casi un siglo, y así lo cuenta Clara González: «Críticos, artistas y todo tipo de personalidades salieron a cuestionar públicamente sus capacidades, llegando incluso a afirmar que se le habían quitado los encargos por su incapacidad técnica. Sus exposiciones y reconocimientos nacionales e internacionales parecían no demostrar nada. Fueron años grises para la pintora, en los que todo su esfuerzo por hacerse un nombre se fue al garete»[29]. En ese caso, la creadora mexicana se vio sometida al rechazo descrito porque intentó abrirse paso en un contexto de muralistas hombres que no querían a una mujer artista ocupando ese espacio. Fue una cancelación machista a todas luces.

Las amenazas y presiones contra los críticos han existido siempre, pero quizás asistimos a un momento en el que quienes las ejercen se sienten más legitimados e impunes que nunca. El periodista Salvador Enguix, en un artículo titulado «Asustar al periodista» publicado el 31 de marzo de 2024 en el diario *La Vanguardia* realizaba la siguiente reflexión sobre las presiones que reciben quienes escriben contenido crítico: «Preservar la integridad del periodismo y asegurar su función vital en la sociedad es la única vía de dotar de fortaleza a la democracia, más aún en estos tiempos en que los canales digitales de distribución están controlados por empresas a miles de kilómetros de distancia a las que solo les motiva la cuenta de resultados y les importa poco el debate ético. Y lo primero sobre lo que debe haber una respuesta contundente es la condena contra cualquier amenaza o presión a periodistas o medios de co-

---

[29] C. González Freyre de Andrade, *Un Van Gogh en el salón. ¿Quién dijo que la historia del arte no era divertida?*, Barcelona, Planeta, 2024, p. 338.

municación, vengan de un jefe de gabinete, de un asesor político, de un diputado o de un ministro, porque no hacerlo animará a otros a imitarlos desde la sensación absoluta de impunidad. Asunto, este, que debería también hacernos reflexionar sobre si nuestro sistema legislativo está preparado para penalizar a los que se creen con el derecho a asustar al periodista». A esto añade Enguix que la libertad de prensa, derecho fundamental recogido en todas las constituciones de los democracias de referencia, suele ser la primera víctima cuando los modelos liberales entran en crisis o son violentados. Según él, en el pasado y en el presente, el primer objetivo de los regímenes dictatoriales o populistas en Europa es tender a controlar a los medios de comunicación. Por eso su independencia es tan importante y a la vez tan dificultosa.

Tratar de hacer algo diferente, salirse de la norma, opinar distinto a la mayoría, es algo que ha tenido consecuencias terribles para muchas personas. Gonzalo Torné, autor del ensayo *La cancelación y sus enemigos*, explicaba en su artículo «Los dueños de la biblioteca y la libertad de expresión como problema» que atravesamos una época en la que todo el mundo dice estar a favor de la libertad de expresión, pero se intenta acallar a muchas personas porque «la libertad de expresión no es siempre una y la misma. No existe ningún sistema político que se sostenga sobre el derecho de todos a decir cualquier cosa en cualquier sitio y momento»[30]. La libertad de expresión, según Torné, se articula con base en el espacio en el que se pueden decir las cosas, qué personas pueden decirlas y cuánto son escuchadas. Basándose en las teorías del filósofo John Stuart Mill, se entiende que la libertad de expresión sería un sistema defensivo contra el poder; no obstante, en su aplicación surge la tendencia a la censura. En la democracia moderna pasa a ser un derecho, se respeta la libertad de hablar y, por lo tanto, el emisor de una opinión la hace pública sin cortapisas, más todavía con el creciente acceso a los medios. Pero el contenido que emite está sujeto a críticas, independientemente de si está fundamentado. Cancelar no es criticar, es silenciar y condenar al ostracismo.

Mientras que Mill advertía sobre la tiranía de las mayorías democráticas en cuanto a poder expresarse, Torné añade que «la clase

---

[30] Consúltese [https://ctxt.es/es/20240401/Culturas/46119/Gonzalo-Torne-John-Stuart-Mill-libertad-de-expresion-censura-cancelacion-democracia-dominacion.htm].

dominante impone por costumbre y constancia sus gustos y opiniones. A veces perjudicando, reprimiendo o vejando a las minorías. En este proceso no interviene la libertad de expresión sino un poder blando, de penetración lenta. Una difusión de ejemplaridad y leves censuras. En ningún momento se quiebra la legalidad vigente». La mayoría dominante no es siempre la misma, el colectivo que domina va cambiando y actúa de manera desproporcionada al disponer de altavoces para difundir sus mensajes y afear los de quienes piensen diferente. Las nuevas «minorías emancipadas», dice Torné aludiendo a Ortega, libran una batalla legítima en el campo de la crítica, empleando idénticas estrategias a las de quienes dominaban, difundiendo sus costumbres, hábitos y gustos, a la vez que atacando y avergonzando a los otros. Una táctica tal vez justa a ojos de algunos, pero tan ineficaz y cíclica que recuerda a la demoledora frase de Gandhi: «ojo por ojo y el mundo acabará ciego».

Las actitudes revanchistas se han instalado en los marcos poscríticos para asombro de nadie y ante el cansancio de la crítica. Esta manera de relacionarse con el propio tiempo no se queda únicamente ligada a la censura, sino que muestra uno de los más fuertes síntomas de la crisis del capitalismo actual. Como sentencia Castro Flórez en su libro *Filosofía tuitera y estética columnista*: «El capitalismo del delirio financiero nos ha dejado a todos, literalmente, baldados»[31]. No deja de haber motivos económicos tras las revanchas en busca de una supuesta reparación sin acudir a la justicia, a través del escarnio público y la exclusión. Incluso en términos de capital simbólico, por darse a conocer o adquirir cierta reputación, igual que por el deseo de imponer lo propio y que esto sea lo que impere, lo que gane más, lo que se traduzca en mejores cifras de visibilidad, seguidores, contratos, ventas… Salvo contadas excepciones en las que la ira ciega a quien ha sufrido un abuso, no encuentra una vía legal de gestionarlo y estalla en redes señalando a su agresor, en los intentos de cancelación subyace la envidia por el ascenso social que apunta Slavoj Žižek cuando reflexiona sobre la decadencia de la ética y los peligros de no pensar. Por ello, el compromiso con la realidad social de la que se forma parte debe estar muy presente al escribir crítica de arte.

---

[31] F. Castro Flórez, *Filosofía tuitera y estética columnista*, Murcia, NewCastle, 2019, p. 47.

Conclusiones

Los autores menos herméticos, que escriben con claridad, sin perder rigor por ello y arriesgando, representan la promesa de un futuro para la crítica de arte actual. Lo que se dice claramente está lleno de sombras y matices, por eso la mejor escritura no es necesariamente la más visible, sino la que crece en los márgenes. Así lo entendía el poeta y escritor francés de origen egipcio Edmond Jabès, según el cual un libro es una perplejidad de la claridad. Pero la crítica ha de esquivar las respuestas unívocas en un sistema en que se castiga aquello que Sara Mesa llamó «la escritura indócil». El capitalismo neoliberal se alimenta del arte pretendidamente crítico que en realidad no lo es, algo que Fernando Castro Flórez denomina «radicalismo subvencionado» y que también se ha instalado entre la crítica cultural. La combinación del auge de lo serio impostado y lo *kitsch* vacío, «lo cuqui»[1] y la crítica descafeinada, puramente descriptiva, descarta cualquier posicionamiento y reduce la crítica a algo anodino. El poco espacio profesional para su desarrollo por la precariedad laboral es, probablemente, el mayor problema en este campo. Los que arriesgan y se salen de la norma muchas veces pierden gran parte de sus fuerzas en combatir diversas situaciones precarias a las que se enfrentan.

Esa precariedad del trabajo es inherente al modelo neoliberal y, como sistema político que lo abarca todo, tiene en lo estético su motor principal. Se ha adueñado incluso de lo contracultural, porque hasta la creatividad y la idea de emprendedor revelan una biopolítica estética sometida a lo económico. La contracultura nació como resistencia, pero es ahora inseparable de la industria. El pa-

---

[1] Cfr. S. May, *El poder de lo cuqui*, Barcelona, Alpha Decay, 2019.

pel de la estética debería entenderse como proyecto político, en el mejor de los sentidos, y no como una filosofía del arte basada en un concepto romántico del artista que vive de capital simbólico, porque en realidad es un trabajador al que afectan las dinámicas del mercado.

El análisis sobre la evolución del arte desde la modernidad hasta la contemporaneidad, junto con las reflexiones sobre el papel de la crítica de arte en la era del capitalismo cultural electrónico, proporcionan una visión completa y matizada de los desafíos y las oportunidades que afronta el arte en el siglo XXI. Hemos abordado la precarización del sector cultural a comienzos del siglo XXI, comparativamente con el XX, enfocándonos en la crítica de arte porque las condiciones laborales inestables y la falta de apoyo económico afectan a todos los profesionales culturales. Esto pervierte el abanico de lecturas que se emiten sobre lo cultural, por la dificultad de escribir textos profundos y arriesgados debido al miedo a perder encargos o publicidad. Añadida a dicha problemática se halla la ausencia de un eje principal en la crítica de arte actual en España, que atribuimos a la creciente conceptualización del arte y al distanciamiento del formalismo. Todo ello nos ha llevado a evaluar, entre otras cosas, el impacto de las redes sociales y la tecnología en las profesiones creativas, así como a la necesidad de repensar la idea de independencia en el periodismo cultural.

La crítica, aunque a veces incómoda, puede ser constructiva si se realiza desde un lugar de reflexión y búsqueda de la verdad. Sin embargo, en la actualidad, el mundo del arte y la crítica se ven afectados por dinámicas comerciales y de poder que distorsionan su propósito original. La polarización ideológica también ha permeado el ámbito cultural, lo que complica aún más el panorama. Es determinante mantener un enfoque ético y responsable en nuestras acciones y reflexiones. Una buena crítica de arte no será la que simplemente demuestre que quien escribe sabe mucho sobre lo que escribe, sino la que ofrece una mirada particular con afirmaciones fundamentadas, mientras atiende al contexto social y la actualidad del sistema artístico, porque nadie escribe, ni vive, en el vacío.

El revisionismo histórico en la crítica de arte ha sido una tendencia importante a finales del siglo XX y principios del XXI, especialmente en España, donde se ha centrado en la memoria histórica

188

y la reinterpretación de eventos pasados. Santayana expresó la importancia de conocer la historia para evitar repetir los errores del pasado, y muchos artistas y críticos han abordado esta tarea con el objetivo de concienciar al público y comprender mejor el presente a través del pasado.

Sin embargo, la politización del arte parece inevitable, ya que incluso las formas más decorativas o apolíticas tienen un posicionamiento implícito y eso conlleva asumir riesgos como el del señalamiento y la cancelación. En España, la polarización política ha influido en la programación cultural de los museos y centros de arte, generando demandas de representación por parte de diferentes sectores ideológicos.

Recuperar la memoria histórica a través del arte es una prioridad para muchos artistas y críticos, y se ha extendido a temas como el colonialismo, provocando que algunas autoridades se lleven las manos a la cabeza. ¿Cambiarán las colecciones de nuestros museos por revisar el pasado de sus obras con criterios del presente? La realidad es que reflexionar sobre los orígenes de algunas colecciones es pertinente pero genera cambios muy leves, a efectos prácticos se quedan en lo simbólico. Por eso no hay que temer al pensamiento decolonial, que ofrece una perspectiva crítica sobre el poder colonial y la persistencia de sus efectos en la sociedad contemporánea, incluidas la división internacional del trabajo y la homogeneización cultural impuesta por el capitalismo global. Este enfoque destaca la importancia de escuchar las voces de aquellos que han sido históricamente marginados o silenciados; no pretende, en principio, que esas voces sean ahora las que ejerzan el poder sobre otras.

La intersección entre el pensamiento decolonial y las cuestiones de género, como lo cuir, desafía las categorías binarias y promueve una comprensión más inclusiva de la identidad y la lucha por los derechos humanos, algo que se presupone positivo hasta que emplea para generar guetos de uso partidista o revanchista a nivel político. Sin embargo, es importante reconocer que las identidades no implican necesariamente una posición política específica y que la construcción de un sujeto político antagonista requiere superar las trampas de las identidades predefinidas. En este sentido, figuras como Linda Nochlin han contribuido a elaborar un nuevo tipo de discurso y de genealogía, como la reorganización de exposiciones para incluir artistas mujeres y ofrecer un contrapunto a la narrativa dominante.

No obstante, la crítica de arte también se enfrenta a la tendencia de convertir las causas sociales en oportunismo lucrativo. Algunos críticos han optado por aprovechar la coyuntura con estrategias provocativas y polémicas para ganar visibilidad, lo que ha generado debates sobre la ética y la responsabilidad en la crítica de arte. En última instancia, todavía desempeña un papel necesario para la comprensión y apreciación del arte en la sociedad contemporánea, pero no olvidemos que se da en un contexto determinado del que le es imposible escapar. La crítica de arte se ha visto influida por la proliferación de listados y *rankings* que determinan quién es relevante en el campo cultural, una medida para acrecentar la competitividad propia del sistema económico en el que se desenvuelve. Estos listados a menudo tienen un impacto significativo en la percepción pública y la carrera de los profesionales del arte. Sin embargo, también plantean retos, como la ruptura con la dependencia del capital simbólico y la tendencia a priorizar la visibilidad sobre la calidad del trabajo. Además, la creciente comercialización del arte ha llevado a la emergencia de figuras como los *copywriters* del arte, cuyo enfoque en la venta y el *marketing* puede desvirtuar el valor intrínseco de las obras. En este contexto, la crítica de arte afronta la responsabilidad de mantener la integridad y la honestidad a la hora de analizar los cambios en el panorama cultural contemporáneo.

Una posible vía para atajar algunos de los problemas mencionados podría ser fomentar una mayor conciencia crítica en la sociedad, promoviendo la educación en habilidades de pensamiento crítico desde edades tempranas. Podrían establecerse medidas para garantizar la transparencia en la publicidad y evitar la influencia indebida de intereses comerciales en la opinión pública. Si criticamos la transformación del individuo en un objeto de consumo y reflexionamos sobre la relación entre arte, política y conciencia de clase, es para destacar la necesidad de recuperar el papel crítico del arte y la importancia de mantener una perspectiva política en la cultura, porque sólo desde ahí se puede remover conciencias. Por ello, hemos expuesto argumentos suficientes para cuestionar la complacencia de la crítica de arte y la influencia del mercado en su desactivación.

¿Cómo preservar la validez y relevancia de la crítica en un contexto donde las relaciones personales y los intereses económicos

influyen tanto? En este libro hemos explorado las causas y consecuencias de las malas prácticas en el ámbito artístico, así como lo
que se entiende en el presente por buenas prácticas. Repasamos
una selección de perfiles críticos que sirve como ejemplo de cómo
es posible mantener la integridad y la coherencia profesional en el
mundo del arte, incluso después de ocupar cargos de liderazgo en
instituciones culturales. La capacidad de algunos profesionales
para reinventarse y seguir haciendo aportaciones significativas demuestra que es posible sortear el conflicto de intereses, manteniendo unos valores incluso en entornos muy competitivos. De modo
que esta no es un lectura pesimista del estado de la crítica de arte
en la actualidad, sino una manera de poner sobre la balanza aspectos negativos y positivos en forma de ejemplos que inviten a conocer mejor esta área.

La pregunta sobre si el crítico debe ser fiel al mensaje del artista
es recurrente en el debate en el que nos hemos adentrado. La perspectiva y los valores del crítico influyen en su interpretación, lo que
puede generar cierto sesgo, evidentemente. Las revistas de arte y
los suplementos culturales proporcionan un espacio para la crítica,
el análisis y la difusión de eventos y obras culturales, por eso no hay
que dejar de prestarles atención. No obstante, de nuevo, afrontan
escollos tales como la influencia de la publicidad encubierta o no y
la necesidad de adaptarse a los cambios en los medios de comunicación, como la digitalización. Además, aunque estos espacios reflejan la diversidad de opiniones y perspectivas dentro del ámbito
cultural, a veces pueden carecer de críticas verdaderamente disi-
dentes debido a diversos factores, como la autocensura que se
practica con el propósito de evitar conflictos.

Vivimos en un sistema cargado de hipocresía, que nos homoge-
niza al tiempo que demanda originalidad, novedad y rapidez. La
aceleración de cualquier tipo de proceso, incluido el creativo, ha
empujado al capitalismo más allá de sus límites, como vaticinara
Mark Fisher. Hace un siglo, en 1925, Stefan Zweig escribía en su
artículo «La monotonización del mundo» que le preocupaba la
evaporación de lo particular en las culturas, cada vez más rápida,
haciendo que las ciudades europeas se pareciesen enormemente a
sus ojos. «Todo se vuelve más uniforme en sus formas de vida exterior, todo se nivela a un esquema cultural homogéneo. Las tradiciones individuales de los pueblos se van desgastando, los trajes

típicos se uniformizan, las costumbres se internacionalizan. Los países, en cierto modo, parecen imbricarse cada vez más, la gente parece vivir y actuar de acuerdo con un mismo esquema, y cada vez son más las ciudades que se asemejan entre sí en su aspecto exterior»[2].

Como intelectual comprometido, desde la década de 1920, Zweig se posicionó vehementemente contra las doctrinas nacionalistas y el espíritu revanchista de la época, atisbando algunos de los problemas que traería consigo la globalización, fenómeno muy posterior a su muerte, con una lucidez a veces premonitoria. Releer sus textos a la luz del actual contexto europeo es interesante. Cuando hablaba de la conquista de Europa por parte de América, en el periodo de entreguerras, apuntaba que no nos daríamos cuenta porque «los vencidos son siempre personas que piensan con demasiada lentitud»[3]. También introducía la idea de lo maquinal y el hecho de que la sujeción económica supusiera un peligro intelectual, dos cuestiones que han salido a colación en nuestro análisis sobre la crítica.

La etapa del capitalismo neoliberal que experimentamos en el primer cuarto del siglo XXI ni siquiera favorece a la derecha exactamente, y esta es una singularidad alarmante. En efecto, las personas conservadoras que se podían haber visto alineadas con los valores que promueve la economía del individualismo están, a estas alturas, igual de atrapadas que las progresistas. Porque la hoja de ruta no la marca, en términos generales, una ideología sino un sistema fallido cuyas consecuencias sufren todas las personas tarde o temprano. Las desigualdades e injusticias derivadas de la precariedad a la que hemos llegado influyen negativamente en la mayoría, quedando una elite muy reducida que aún goza de beneficios pero que en realidad vive a un ritmo y bajo unas premisas que incluso impiden el disfrute pleno de tal margen de riqueza. Si alrededor todo apunta a que hay que conseguir más, que las empresas deberían de estar en un crecimiento perpetuo, que lo que uno tiene siempre es inferior a lo que otros tendrán, que la superación personal no tiene límites y la competitividad es ley, por mucha riqueza que se acumule las desgracias vendrán solas. Un sentimiento de

---

[2] S. Zweig, *La desintoxicación moral de Europa y otros escritos políticos,* Barcelona, Plataforma, 2017.
[3] *Ibid.,* p. 57.

insatisfacción mantiene al mundo ocupado en producir, consumir y acumular, sin tiempo para las pausas que requieren la creatividad, el arte y el pensamiento crítico. Por eso consideramos que el arte nos iguala como humanos y que tal vez el ejercicio de la crítica ayude a abrir los ojos para identificar de dónde vienen los problemas y reconocernos en los otros. Eso si todavía tiene pulso, si se pone a la altura del desarrollo de la creación artística y se permite correr riesgos.

Hemos visto que la comunicación del sentir que es la obra de arte se encuentra atada a espacios semióticos, identitarios y políticos. El arte contemporáneo sigue creando jerarquías y formas que asientan el valor de las obras, habitualmente determinadas por estructuras sociales ambiguas. Esto, unido a la problemática de la posverdad, que surge en la hegemonía propagada por discursos subjetivos a través de noticias falsas y bulos tendenciosos, ha puesto en entredicho la utilidad de la crítica. Sin embargo, tal como dice Jorge Carrión en *Membrana*, su novela fantástica sobre el museo del siglo XXI: «El propio crítico debe ser el primero en ponerse en crisis cuando teje crítica verdadera»[4].

Nos encontramos en un periodo de incertidumbre y no conviene creer en ninguna predicción hecha más allá del corto plazo. El diagnóstico aquí elaborado concluye que, si bien hemos entrado en una vorágine de opiniones a menudo sin fundamento, la búsqueda de argumentos racionales y análisis que otorguen valor al pensamiento desde el ámbito artístico no ha cesado, sólo se ha reducido. La crítica no habla de verdades absolutas porque nunca lo ha hecho, pues es subjetiva, aunque parta de una información supuestamente objetiva.

Podemos y debemos discutir que siga habiendo tráfico de influencias en el sector, ya que ignorarlo supone alimentarlo en cierto modo al dejar que crezca. Sin debate no se estimula el pensamiento crítico, por lo que ampliar horizontes más allá de un círculo de confianza en el que se comparten ideales y valores resulta útil a fin de tomar perspectiva sobre las cosas, además de fomentar la convivencia con quienes piensen distinto a nosotros. Tal vez la utopía en la que todo el mundo viese las cosas de la misma manera fuese en realidad una distopía de homogeneización forzada. Aceptemos tam-

---

4 J. Carrión, *Membrana,* Barcelona, Galaxia Gutenberg, 2021, p. 239.

bién que existen temas que desconocemos y es perfectamente lícito dejarlos a un lado si no queremos opinar sobre ellos, porque no hace falta ni es recomendable opinar de todo a todas horas. Para escribir crítica de arte se ha de conocer aquello de lo que se escribe y saber comunicarlo, no ser capaz de predecir qué artista va a vender más obras en los próximos meses. Las adivinanzas de carácter predictivo se las dejaremos a los algoritmos.

Decía Albert Einstein que el mundo tal como lo hemos creado es un proceso de nuestro pensamiento, por lo tanto no se puede cambiarlo sin cambiar antes nuestra forma de pensar. Ahí entra la recuperación de nuestra capacidad imaginativa. «Ante la sumisión al dinero, el periodismo cultural pierde la batalla. No quedan críticos que tengan relevancia en el gusto de las personas», afirmaba David Trueba en una charla el 5 de abril de 2022 en el Círculo de Bellas Artes de Madrid. No es un secreto que la literatura está inmersa en redes capitalistas, pero la escritura puede ser resistencia.

De hecho, carecer de una ficción compartida del futuro es un problema que se ha explorado desde la literatura; por eso muchas de las novelas actuales exploran las posibilidades del presente para producir futuro. El Premio Nobel de Literatura J. M. Coetzee, escritor y novelista sudafricano nacionalizado australiano, es conocido por su estilo de escritura distintivo y su exploración profunda de temas como la injusticia social, la opresión y la soledad humana. Además de su prolífica carrera como novelista, también ha realizado incursiones en el género del ensayo y es considerado un destacado crítico literario. En su obra emplea la ficción por su capacidad para invitar al lector a imaginar y cuestionar, consciente de que el lenguaje es un arma poderosa que puede utilizarse tanto para unir como para dividir. En este sentido, la escritura se convierte para Coetzee en una poderosa herramienta de cambio social y representa una forma de resistencia capaz de trascender las limitaciones del mundo tangible. Así, entendemos que ejercer la crítica escribiendo puede ser una forma de resistencia contra la indiferencia, la precariedad y la injusticia.

El futuro de la crítica de arte seguramente estará influido por la tecnología y los cambios en los medios de comunicación de los que hemos estado hablando en este ensayo. La IA podría desempeñar un papel en la generación de análisis y textos que aparenten ser críticas, aunque es poco probable que reemplace completamente el juicio humano y la perspectiva subjetiva. Además, la ética en el periodismo cultural será cada vez más importante, especialmente en un contexto donde las noticias falsas y la desinformación son amenazas notables. No en vano, la crítica es un proceso interactivo y dinámico que involucra la conversación y el debate entre diferentes puntos de vista, algo que una IA no puede llevar a cabo de forma eficiente. Llegamos a la conclusión de que, aunque la IA puede ser una herramienta complementaria, nunca reemplazará la perspectiva humana y la experiencia personal en la crítica de arte.

Entonces, ¿dónde queda el impacto de la deriva tecnológica? Por un lado, el acceso a plataformas digitales y herramientas virtuales ofrece nuevas formas de trabajar y difundir información sobre proyectos artísticos. Sin embargo, el uso excesivo de las redes sociales y la influencia de los algoritmos pueden distorsionar la percepción pública e incluso comprometer la privacidad de los críticos. La privacidad y la protección de datos se vuelven especialmente relevantes en un entorno donde la exposición en línea puede tener repercusiones personales y profesionales. La necesidad de preservar la autonomía y la capacidad crítica en un contexto dominado por algoritmos y tendencias digitales es fundamental para mantener la integridad de la profesión y de sus trabajadores. Asimismo, la revalorización de las humanidades y la reflexión crítica apreciamos que se están convirtiendo en aspectos clave para contrarrestar la propagación de desinformación y teorías conspirativas.

Para recuperar las humanidades y evitar una concepción instrumental y utilitaria de la vida humana surgió en el siglo XX el humanismo crítico. Se trata de una corriente filosófica que enfatiza la importancia de la razón, la ética y la justicia social. Centrada en cuestionar y examinar críticamente las instituciones y estructuras sociales para promover el progreso y la igualdad, uno de sus máximos representantes es un autor al que hemos recurrido frecuentemente a lo largo de estas páginas: Tzvetan Todorov. El humanismo crítico de Todorov se enfoca en la exploración de la condición humana a través del análisis de la literatura, la historia y la filosofía. Su enfoque se basa en la reflexión sobre las complejidades y contradicciones de la experiencia humana, con énfasis en la tolerancia, la comprensión intercultural y la búsqueda de la verdad. Si entendemos la crítica de arte como un ejercicio intelectual dedicado a pensar las dimensiones creativas de lo humano y comunicarlas de la mejor manera posible, entonces conecta con el humanismo crítico. Por eso Todorov escribió tanto sobre crítica literaria y se interesó por la crítica cultural, aunque no abordase la crítica de arte propiamente dicha.

Las microutopías, las microsituaciones y los microprocesos de los que hablaba Jarauta podrían formar parte de esas ficciones colectivas de las que adolece nuestra sociedad. El sociólogo estadounidense Erik Olin Wright consideraba que no se ha trabajado en formas no capitalistas de organizar la vida económica y social porque la idea de imaginarlas linda con la utopía para la mayoría de los pensadores[5]. Por otro lado, parece innegable que, en las últimas décadas, el inicio de los debates académicos sobre el arte ha tenido más que ver con su forma, su técnica y su temática que con los procesos de producción y las condiciones en las que viven los artistas. Gran parte de los críticos de arte actuales ejerce la docencia y se mueve en el entorno académico, precisamente porque ello proporciona el sustento que la escritura ya no es capaz de asegurar. Pero algunos abandonan el terreno académico cuando se adentran en el ejercicio de la crítica y traspasan las barreras del marco hegemónico. Al salirse de lo consabido, se puede proyectar ideas que desafíen las normas establecidas y propongan alternativas al *statu quo*.

Desde la crítica independiente es posible contribuir a cuestionar y desafiar las narrativas dominantes, incluido el realismo capitalista. Al analizar y reflexionar sobre las obras de arte desde diversas perspectivas, la crítica es capaz de contribuir a la generación de nuevos modelos en los que se mejoren las condiciones del trabajo creativo. Para lograr un cambio significativo y sostenible se tendría que llegar a consensos que no se vislumbran a corto plazo. El futuro del crítico de arte depende en gran medida de su capacidad para adaptarse al tiempo presente, sin sucumbir a la comodidad de instalarse en la provocación para llamar la atención o la sumisión para seguir la corriente. El respeto por la diversidad de opiniones y la promoción de un diálogo abierto y constructivo son buenas bases.

Finalmente, para que la crítica de arte se lleve a cabo desde un posicionamiento claro y sin condicionantes, podríamos considerar estas tres cuestiones que han ido surgiendo a colación: mantener el

---

[5] Véase E. O. Wright, *Construyendo utopías reales,* Madrid, Akal, 2014.

entusiasmo, recuperar la privacidad y no tener miedo a rectificar. El entusiasmo puede impulsar a explorar nuevas perspectivas y enfoques críticos, si se canaliza apropiadamente y se emplea como elemento motivador, sin que se instrumentalice, como advertía Remedios Zafra. Encontrada la motivación, es importante proteger la independencia y la integridad, evitando influencias externas que puedan sesgar el juicio de los críticos. Siguiendo las ideas de Carissa Véliz, sólo la privacidad garantiza la libertad de expresión y el pensamiento crítico genuino, en un momento en el que las redes sociales exponen en demasía y el periodismo se ha visto peligrosamente señalado por la polarización política. Hay que tomar las riendas del reflejo virtual propio, dosificando cada uno el acceso a las redes y la información que se quiere compartir. Por último, una vez se ha emitido la crítica, es fundamental permanecer flexible y estar dispuesto a corregir errores. O sea, como diría Raquel Martos, no tener miedo a rectificar. La crítica debe estar abierta al diálogo y al aprendizaje continuo, asumiendo que rectificar es una muestra de integridad y compromiso con la profesión.

Índice